BERNARD LIEVEGOED

Alte Mysterien und soziale Evolution

2.9.3

BERNARD LIEVEGOED

Alte Mysterien und soziale Evolution

Gesellschaftliche Krisen und Entwicklungsperspektiven

VERLAG FREIES GEISTESLEBEN

Übersetzung von Frank Berger.

Die holländische Originalausgabe erschien 1990
unter dem Titel «Mensheidsperspectieven»
im Verlag Uitgeverij Vrij Geestesleven, Zeist.

Die Deutsche Bibliothek – CIP-Einheitsaufnahme

Lievegoed, Bernardus C. J.:
Alte Mysterien und soziale Evolution :
gesellschaftliche Krisen und Entwicklungsperspektiven/
Bernard Lievegoed. – 2. Auflage, Stuttgart : Verl. Freies Geistesleben, 1991

ISBN 3-7725-0849-9

2. Auflage 1993
Umschlag: Walter Schneider unter Verwendung
einer Radierung von Christiane Lesch

Druck: Greiserdruck, Rastatt

INHALT

VORWORT

Was sich hinter den turbulenten Entwicklungen des zwanzigsten Jahrhunderts verbirgt, ist mehr als ein rein politischer oder ökonomischer Konflikt: Es ist ein Kampf der Geister. Dieser Kampf wird, so sagte Rudolf Steiner voraus, gegen das Ende des Jahrhunderts seine Kulmination erreichen.

Seit dem Herbst des Jahres 1989 beginnt sich dies mit aller Deutlichkeit zu offenbaren. Der große Geisteskampf ist in vollem Gange, und der Erfolg der Erneuerungsbestrebungen, die jetzt aufgetreten sind, ist noch völlig offen. Gerade jetzt geht es darum, neben dem guten Willen auch die entsprechenden Erkenntnisfähigkeiten zu entwickeln. In diesem Zusammenhang ist es notwendig, sich Klarheit über die geistigen Hintergründe der Weltsituation zu verschaffen.

Im vorliegenden Buch wird die Thematik einer älteren Publikation, die ursprünglich in der Reihe «Anregungen zur Anthroposophischen Arbeit» unter dem Titel *Mysterienströmungen in Europa und die neuen Mysterien* erschienen ist, wesentlich erweitert und in größere Zusammenhänge hineingestellt. Es ist keine erschöpfende Behandlung des Themas beabsichtigt; es handelt sich vielmehr in erster Linie um einen Leitfaden für das eigene Studium auf diesem immens großen Gebiet der geistigen Evolution der Menschheit. Ich hoffe, daß dieses Buch etwas beitragen kann im Kampf um einen neuen Geist in der Kultur, der ein Geist der Begegnung ist.

Bernard Lievegoed

DER GROSSE GEISTESKAMPF

Im letzten Jahrzehnt unseres Jahrhunderts befindet sich die Menschheit in einer der großen Stromschnellen ihrer Entwicklung.

Entwicklung ist kein geradliniger, kontinuierlicher Prozeß, sondern verläuft abwechselnd in ruhigen Perioden, in denen eine Konsolidierung des Erreichten auftritt, und solchen eher krisenhafter Natur, in welchen alte Formen abgelegt und neue erobert werden müssen, die den Eintritt in eine nächste Entwicklungsphase ermöglichen.

Wer die Gesetzmäßigkeiten der Musik kennt, weiß, daß bei einer schwingenden Saite sogenannte «Schwingungsknoten» und «Schwingungsbäuche» entstehen. Auf Grund dieser Phänomene läßt sich voraussagen, an welcher Stelle der Saite ein bestimmter Ton entstehen wird. Entsprechend kann ein Kenner der Menschheitsentwicklung und ihrer Gesetzmäßigkeiten die Krisenpunkte dieser Entwicklung vorhersehen. Da es sich aber um die Entwicklung von Menschen handelt, die im Begriff sind, sich die Freiheit des Willens zu erobern, ist zwar vorhersehbar, *daß* eine Krise eintreten wird, ihr *Ausgang* ist jedoch nicht vorherzusagen. Ihr guter Ausgang hängt davon ab, ob sich genügend Menschen aus ihrem freien Willen heraus für ihre Bewältigung einsetzen wollen.

So konnte Rudolf Steiner am Anfang unseres Jahrhunderts auf das gesetzmäßige Moment hinweisen, daß eine Krise, eine Stromschnelle eintreten werde. Er konnte auch den Charakter der erforderlichen neuen Inhalte und Formen beschreiben und ebenso den Charakter der Gegenkräfte. Doch der Verlauf dessen, was er den «großen Geisteskampf» um die Jahrhundert- beziehungsweise Jahrtausendwende nannte, muß ungewiß bleiben, denn er ist vom Einsatz freier Menschen abhängig.

Zur Zeit sehen wir, daß sich Strudel und Stromschnellen in atemberaubendem Tempo bilden und verschieben. Die Hauptproblematik des heutigen Kampfes liegt darin, ob es gelingen wird, in den kommenden Jahrzehnten den Keim einer neuen Phase der Integration zu veranlagen, in welcher die Überbrückung alter, gegensätzlicher Entwicklungslinien geübt werden kann. Wer in diesem Kampf den inneren Überblick behalten will, braucht ein Wissen um den historischen Differenzierungsprozeß der Menschheit.

Außer den Hinweisen auf die Art des nahenden Geisteskampfes hat Rudolf Steiner am Ende seines Lebens den Inhalt eines neuen Weges der geistigen Entwicklung vermittelt, den er als die neuen Mysterien künftiger Zeiten, als einen nächsten Schritt der Menschheitsentwicklung bezeichnete. Diese neue «Mysterienschule» steht aus innerer Notwendigkeit im Zeichen der Integration, der Begegnung der alten, unterschiedlich orientierten Mysterienschulen. Der Erzengel Michael, der heutige Zeitgeist, will diese Integration, doch er wartet ab, bis die Menschen selbst den Willensentschluß gefaßt haben, sich für diese geistige Aufgabe einzusetzen. Deshalb darf die neue Mysterienschule als eine Michaelschule bezeichnet werden. Was sich einst differenziert hat, muß sich nun integrieren – so kann die Aufgabe umschrieben werden, vor der wir jetzt stehen. Angesichts der Tatsache, daß jegliche Differenzierung per definitionem zu einer Vielzahl von Erscheinungsformen und -profilen führt, sind die Bereiche, in denen der Kampf um die Integration stattfindet – Menschen, Menschengruppen, Völker, Kontinente –, sehr unterschiedlich. Wie stellt sich diese Problematik auf der Ebene des individuellen Menschen dar?

Im Bereich des *Denkens* stehen wir vor der Aufgabe, in einen Prozeß der Begegnung und des Austausches mit anderen zu kommen, die die sogenannte Wirklichkeit ganz anders wahrnehmen und interpretieren. Die Zwölfheit der Weltanschauungen, die Rudolf Steiner in seinen Vorträgen *Der menschliche und der kosmische Gedanke* (Gesamtausgabe Bibliographie Nr. [GA] 151) entwickelt, zeigt, daß jemand, der sich beispielsweise als «Realist», «Spiritualist», «Idealist» oder «Materialist» bezeichnet – um nur die wichtigsten Weltanschauungstypen zu nennen –, doch nur jeweils ein Zwölftel der Totalität kennt. Lediglich derjenige, der im Denken alle zwölf Richtungen zu durchleben vermag, ist ein wahrer Philosoph. Doch dafür ist normalerweise mehr als *ein* Erdenleben notwendig.

Im Bereich des *Fühlens* herrscht eine Siebengliederung. Sie ist Ausdruck der Planetenqualitäten innerhalb der menschlichen Seele und bestimmt die persönliche Verhaltensweise, die im Alltagsleben als «Charaktertyp» oder als «Seelenstimmung» erscheint, doch auch in gewissen philosophischen Richtungen zum Ausdruck kommt: als Gnostizismus, Logismus, Voluntarismus, Empirismus, Mystik, Transzendentalismus und Okkultismus. Jeder Mensch ist durch sein Karma hauptsächlich mit einer dieser Planetenqualitäten verbunden.

Im *Wollen* herrscht Freiheit. Hier hängt es ganz von der individuellen Willensäußerung ab, ob eine Tat gut oder schlecht ist. Die «gute Tat» ist immer situationsgebunden, sie muß in jeder Situation intuitiv erfaßt werden. Was sich heute als gut erweist, kann morgen, in einer vergleichbaren Situation, schlecht sein. Was bleibt, ist allein der Wille, trotz aller Rückschläge, das Tun des Guten zu erstreben. Jede Fixierung einer Handlungsweise durch Vorschriften oder Gebote hindert den mündigen Menschen daran, solche aus der Situation erwachsenden richtigen Taten zu verrichten. Außerdem sind das Böse und das Gute während der Menschheitsentwicklung fortwährend Veränderungen unterworfen.

Die individuelle karmische Differenzierung ist nur eine der Ebenen, auf denen die unterscheidenden Einflüsse wirksam sind. Daneben wirken aus der Vergangenheit die bekannten Differenzierungen in Rassen und Völker, Religionen und Kulturen. Dieser ganze Strudel von Unterschieden und Gegensätzen ist ein ideales Tätigkeitsfeld für luziferische und ahrimanische Wesen.

Luzifer schenkt uns zwar hohe Erkenntnisse, doch er vermittelt sie als die «einzig richtigen» Vorstellungen, Gefühle oder Wunschziele. Er ist der Anstifter zu Fundamentalismus und Fanatismus, der hochmütigen Auffassung, man vertrete den einzig richtigen Standpunkt. Dieser Fundamentalismus hat in allen Religionen und Weltanschauungen, doch auch in der Wissenschaft sein Unwesen getrieben: Der Geist wurde dogmatisch auf einen einzigen Gesichtspunkt eingeengt.

Rudolf Steiner konnte auf Grund seiner Autorität viele karmische Strömungen innerhalb der Anthroposophie zu gegenseitiger Toleranz, ja zur Zusammenarbeit bringen. Sofort nach seinem Tode setzte der fundamentalistische Kampf ein, das «wir» kontra «die anderen». Nur durch den absoluten Integrationswillen einzelner Persönlichkeiten, unter ihnen Willem Zeylmans van Emmichoven, ist es gelungen, diese Situation zugunsten einer Zusammenarbeit ungeachtet der Unterschiede zu überwinden.

Ahriman ist der Geist des Materialismus, das heißt einer Wissenschaft und Kultur, die nur dasjenige gelten lassen, was materiell erforscht und erklärt werden kann. Er ist auch der Geist eines Machtstrebens, das alles vernichten möchte, was spirituelle Gesichtspunkte, Erfahrungen und Werte umfaßt. Er versucht dies zu erreichen, indem er Mißtrauen gegenüber den Absichten des anderen sät, um schließlich den Kampf aller gegen alle zu entfesseln.

Ahriman ist der Geist, der die künftige geistige Entwicklung der Menschheit bereits jetzt in materieller Form zu verwirklichen versucht, um so die geistigen Bedürfnisse der Menschen auf einen Irrweg zu bringen. Seine Hochburgen sind eine medizinische Wissenschaft, die vom rein biochemischen Gesichtspunkt ausgeht, ein Unterrichtswesen, das in einem materialistischen Menschen- und Naturbild wurzelt, sowie eine Wirtschaft, in der Geld die Macht verleiht, anderen den eigenen Willen aufzuzwingen. Sobald man gegen Arhiman arbeitet, läuft man Gefahr, sozial ausgegrenzt zu werden und nicht selten Verfolgungen ausgesetzt zu sein – bis hin zu Ermordung, Folter oder Entführung.

Doch wirken in diesem Strudel auch positive Kräfte. Rudolf Steiner hat darauf hingewiesen, daß gegen Ende des Jahrhunderts sich wichtige Persönlichkeiten aus den verschiedensten Geistesströmungen inkarnieren würden, um *gemeinsam* das Licht in die Finsternis zu tragen.

Ich kann dazu nur aus eigenen Erfahrungen und Begegnungen etwas sagen. 1968, am Ende des mittleren Jahrhundertdrittels, konnte die Jugend zwar *gegen* die erstarrte Wissenschaftsdogmatik und *gegen* die Ausübung wirtschaftlicher Macht durch einige wenige protestieren und die Verhältnisse kritisieren, doch brachte sie keine neuen Gedanken, Gefühle oder geistigen Ziele ein. Ihre edlen Absichten wurden in Richtung eines veralteten Marxismus abgebogen, der sich Neo-Marxismus nannte. Die meisten ließen sich durch soziale Ideen verleiten, die sich als Schein-Lösungen erwiesen, indem alle Erkenntnis, auch Wahrheiten und Ideale, durch demokratische Prozeduren erreicht werden sollten. «One man one vote», das war der Schlüsselbegriff für alle Probleme.

Vergeblich habe ich die Studenten damals darauf hingewiesen, daß man höhere Erkenntnisse nicht dadurch erreicht, daß man den Mittelwert aller Meinungen zugrundelegt. Vergleichsweise gesprochen: Man kann die Frage, ob Paris an der Seine oder an der Loire liegt, nicht durch Abstimmung entscheiden oder etwa dadurch, daß man sagt, es liege dazwischen; sondern man muß die Wirklichkeit selber aufsuchen, um zu einem wahren Urteil zu gelangen. Doch in den vergangenen fünf Jahren sehe ich innerhalb der heranwachsenden Generation eine zunehmende Zahl junger Menschen, die aus einem vorgeburtlichen Entschluß heraus wieder nach geistigen Erkenntnissen suchen und bereit sind, sich sozial einzusetzen, dabei jedoch von weniger illusionären Zielsetzungen ausgehen.

Sie werden den Geisteskampf im ersten Drittel des nächsten Jahrhunderts zu führen haben. Auf der älteren Generation ruht nun die Verpflichtung, sie in die Lage zu versetzen, hier auf Erden etwas zu finden, worauf sie auf Grund ihrer vorgeburtlichen, jetzt noch unbewußten Lebensziele mit einem «Ja» antworten können. Dazu ist es allerdings notwendig, daß wir jeglichen Fundamentalismus und

Dogmatismus ablegen und lediglich das zeigen, was in uns selbst durchlebte Wirklichkeit geworden ist.

Was sich einst differenziert hat, muß sich nun integrieren. Das ist die Aufgabe einer Kultur der Bewußtseinsseele, in welcher die Entwicklung des Ich im Mittelpunkt steht; eine Ich-Entwicklung, die entweder in den Egoismus oder zur freien Tat aus geistiger Erkenntnis führt. Aber die Erkenntnis des einzelnen ist doch immer nur Erkenntnis aus *einer* bestimmten, karmisch bedingten Geistesqualität.

Um den Angriffen Luzifers und Ahrimans widerstehen zu können, wird es höherer Erkenntnis und größerer Sicherheit bedürfen, wie sie dort entstehen, wo verschiedene Geistesqualitäten sich begegnen und gegenseitig befruchten. Wo zwei Menschen anwesend sind, die ein überpersönliches Streben verbindet, wird eine höhere geistige Wirklichkeit in der Welt wirksam.

Wenn man alleine ist, kann man geistig unter dem Einfluß der Engel-Wirkungen arbeiten; mehrere, die auf der Basis wirklicher Begegnung zusammenarbeiten, können die Ebene der Erzengel erreichen und, bei weiterer Entwicklung, auch die der Archai, der Zeitgeister. Dann entsteht die Möglichkeit, das zu tun, was der Zeitgeist von uns Menschen fordert.

Dieser Zeitgeist ist heute Michael, der zentrale Sonnengeist inmitten der sechs anderen Planeten-Erzengel Oriphiel, Zachariel, Samael, Anael, Raphael und Gabriel als Vertreter jeweils der Saturn-, Jupiter, Mars-, Venus-, Merkur- und Mondqualitäten. Michael steht überdies als Sonnengeist inmitten der Zwölfheit der Tierkreisqualitäten.

Bis zum Anbruch der Neuzeit im 15. Jahrhundert war es so, daß die Hierarchien der Sieben- und Zwölfheit ihre Wesensqualitäten über die zentrale Sonnenmacht der Menschheitsentwicklung vermittelten, über Michael, das «Antlitz Christi». Er sorgte dafür, daß die so verschiedenen Göttergeschenke zum Wohle der Menschheitsevolution miteinander in Harmonie gebracht wurden. Nach dem 15. Jahrhundert erkannte Michael, daß ein weiterer Schritt auf diesem Weg notwendig war: Die Menschheit sollte lernen, diese Harmonisierung in Freiheit selbst zu vollziehen. Doch Luzifer, als Gegner Michaels, nahm dies nicht hin. Es entstand eine Spaltung innerhalb der Hierarchien, so daß sich unter Leitung Oriphiels, des Saturn-Erzengels, hierarchische Wesen aus allen Planetenqualitäten von Michael lossagten, um die Menschen mit ihren – nicht freilassenden – Impulsen zu durchdringen.

Dadurch machte sich nach dem 15. Jahrhundert ein neuer Impuls der Differenzierung bemerkbar, der sich unter anderem darin äußert, daß die entstehenden modernen Staaten sich mittels nationaler Grenzen und Wirtschaftssysteme voneinander abschließen und immer verheerendere Kriege gegeneinander führen, deren letzte wir in unserem Jahrhundert miterlebt haben.

So hat sich auf der einen Seite ein erhöhtes individuelles Bewußtsein herausgebildet, das alle Bevölkerungsschichten durchzieht – andererseits stehen sich Staaten, Völker und Rassen immer feindlicher gegenüber.

Michael fanatisiert die Menschen nicht im Sinne seiner Aufgabe. Er wartet ab, ob sich in ihnen die Willensimpulse herausbilden, die sie im vorgeburtlichen Dasein im Bereich der Sonnensphäre kennenlernen konnten. Und so sehen wir, wie – parallel zu den fanatisierenden, trennenden Kräften – immer mehr Menschen sich für Begegnung und Integration einsetzen. Dieser auf Konsens und Zusammenarbeit hinzielende positive Impuls erwacht heute weltweit.

Auch auf politischem Gebiet tritt dieser Impuls auf, zum Beispiel im Streben nach einem vereinten Europa oder da, wo im Wirtschaftsleben nach grenzüberschreitender Zusammenarbeit gestrebt wird – wenngleich das Bild durch widerstrebende Faktoren auch hier stark getrübt wird.

Der damit verbundene geistige Kampf fängt in der unmittelbaren persönlichen Umgebung an: in der Berufssituation, im Fusionsprozeß von Institutionen, in der Politik. Immer liegt Ahriman dabei auf der Lauer, um Mißtrauen gegen die Absichten des anderen zu säen, im kleinen wie im großen. Und so sehen wir neben neuen Verbindungen immer auch separatistische Bewegungen entstehen, in Kirchen, Vereinigungen und auch in und zwischen Völkern.

DIE DIFFERENZIERUNG DER MENSCHHEIT

Der Tatsache der differenzierten Menschheit begegnen wir heutzutage auf den Straßen jeder größeren Stadt. Dennoch gerät derjenige, der beispielsweise über die Existenz von «Rassen» spricht, in die Gefahr, zum «Rassisten» gestempelt zu werden. Eine derartige Reaktion birgt jedoch auch einen positiven Kern in sich, nämlich den, der mit den Worten des einleitenden Kapitels umschrieben werden kann: Was sich einst differenziert hat, muß sich jetzt integrieren.

Eine historische Entwicklung ist an ihren Endpunkt gekommen, eine neue Entwicklung muß einsetzen. Dieses Neue, das gleichsam «in der Luft liegt», es wird von vielen halb-bewußt, mehr gefühlsmäßig wahrgenommen. Die erste Reaktion ist ein Unbehagen über die bestehende Situation; ihr folgt das Bedürfnis, in irgendeiner Weise etwas zu tun.

Das Problemfeld umfaßt, wie wir bereits sahen, viel mehr als bloß die Rassendifferenzierung. Es schließt auch eine kulturelle Differenzierung der Normen, Werte und Zielsetzungen, kurz der Lebensstile ein. Ein Teil dieser Unterschiede hängt wiederum mit der geistigen Differenzierung auf der religiösen Ebene zusammen; sie reicht von den eher toleranten Religionen, die, wie zum Beispiel der Buddhismus, andere religiöse Strömungen neben sich akzeptieren, bis zu intoleranten Religionen, die sich im Bewußtsein ihrer Auserkorenheit entweder in die Isolation zurückziehen oder, in ihren extremsten Vertretern, den heiligen Krieg gegen alle «Ungläubigen» predigen.

Die Tendenz zur Differenzierung setzt sich fort in den verschiedenen geistigen Richtungen in Kunst und Wissenschaft und reicht bis in die persönlichen Temperaments- und Charakterprägungen.

All diese Differenzierungen, vor kurzem noch geographisch und durch Landesgrenzen getrennt, spielen nun in *einem* großen Wirbel durcheinander. In seinem Sog werden die jüngeren Generationen immer unsicherer, was nun recht oder unrecht, gut oder schlecht ist. Dieser Strudel ist im Begriff, jetzt, gegen das Jahrhundertende zu, seinen Kulminationspunkt zu erreichen.

Wir wollen nun, um Gesichtspunkte für ein Integrationsstreben zu sammeln, versuchen, den ganzen Entwicklungsgang, der zu den dargestellten Differenzierungserscheinungen geführt hat, von anthroposophischen Gesichtspunkten aus zu beschreiben. Denn es ist in unserer von einem eher schwachen Geschichtsbewußtsein geprägten Zeit wichtig, daß wir lernen, unsere eigene Situation als Teil eines großen, Mensch und Kosmos umfassenden Entwicklungsprozesses zu sehen.

Es muß hier allerdings, zur Vermeidung ausführlicher Wort- und Begriffsklärungen, davon ausgegangen werden, daß der Leser zumindest über eine anfängliche Kenntnis der anthroposophischen Grundtatsachen kosmischer und menschlicher Entwicklung verfügt – oder bereit ist diese nachzuholen –, wie sie Rudolf Steiner in den grundlegenden Werken *Die Geheimwissenschaft im Umriß* und *Aus der Akasha-Chronik* dargestellt hat. Dort wird die Weltentwicklung unter dem Gesichtspunkt von *Göttertaten*, das heißt als Wirkungen geistiger Hierarchien, geschildert. Diese Entwicklung hat die Schaffung einer neuen Qualität im Kosmos zum Ziel: der Freiheit, vertreten durch *Menschen*, die im Verlaufe ihres Entwicklungsweges allmählich mit ihr umzugehen gelernt haben.

Die erste Schöpfungsphase, der «Saturnzustand» der irdischen und kosmischen Evolution, urständet im Opfer der Throne, der Geister des Willens, die aus dem Feuer der Begeisterung heraus ihre Willenskraft in das neue «Projekt» hineinströmen lassen. Aus der geistigen Wärmesubstanz, die dadurch zur Verfügung steht, bilden andere hierarchische Mächte den ersten Keim dessen, was später einmal der physische Leib des Menschen werden soll. Darauf folgt das Opfer der

Geister der Weisheit, der Kyriotetes. Sie durchsetzen diese Wärmegebilde mit Weisheit, wodurch Licht und Finsternis entstehen. Das ist der sogenannte «Sonnenzustand» in der Evolution der späteren Erde.

Es folgt ein drittes Opfer, das der Dynamis, der Geister der Bewegung. Durch ihren Bewegungsimpuls, der sich als Rhythmus offenbart, gelangen die in Wärme und Licht webenden Lebensformen zu wechselnden Begegnungen miteinander, und es entsteht dadurch eine erste Form inneren Erlebens, das Spiel von Sympathie und Antipathie. Dies ist der «Mondenzustand» der Erdenevolution.

Den vierten Schritt bildet die eigentliche Erdenphase, in welcher die Geister der Form, die Exusiai – in der Bibel als «Elohim» bezeichnet – die Entstehung fester Formen ermöglichen, indem sie bestimmte Qualitäten gleichsam «auskristallisieren» lassen.

Im Gesamtprozeß der planetarischen Evolution liefert also der «alte Saturn» die Basis für die physische Materie, die «alte Sonne» fügt das Leben hinzu, das sich auf der heutigen Erde als das Pflanzenreich offenbart; dann entsteht auf dem «alten Mond» der Entwicklungskeim des Tierreiches, und zuletzt setzt während der eigentlichen Erdenphase die spezifische Entwicklung des Menschen ein.

In der vierten planetarischen Phase erscheinen die ersten Formen der Erde im engeren Sinn, der Erde, wie wir sie heute kennen. Am Anfang dieser eigentlichen Erdenphase, wo die Exusiai ihre neue Qualität in die Entwicklung hineingeben, werden zuerst kurz die drei vergangenen großen Evolutionsphasen wiederholt. Erst nachdem schließlich die vierte Qualität wirksam geworden ist, kann das Resultat der vorangegangenen Stufen seine heutige feste Konsistenz erhalten.

Die Epoche der sogenannten Polaris veranlagt den Keim der physischen Leibesform des Menschen, vornehmlich in Gestalt von Differenzierungen der Wärmesphäre. In der folgenden Phase, der hyperboräischen Epoche, fängt die Erde an zu leuchten, und es wird das Lebensprinzip hinzugefügt. Der Mensch, beziehungsweise das, was einst der Mensch sein wird, ist pflanzenhaft, nach oben hin geöffnet wie ein Blumenkelch, offen für die helfenden Handlungen der Hierarchien. Das Zentrum dieser Vorgänge lag im Umkreis desjenigen Erdengebietes, das später zum Nordpol wurde. Die Griechen verehrten noch das im höchsten Norden gelegene Hyperboräa als die Heimat Apolls und als ein Land, in dem Licht und Friede herrschten. Im Orakel von Dodona wurde jedes Jahr eine Delegation aus dem Norden empfangen, die Geschenke aus dem Lande Apolls mitbrachte.

Die dritte Entwicklungsepoche der Erdenstufe wird als die lemurische bezeichnet. Sie läßt sich in einem Gebiet lokalisieren, wo sich heute der Indische Ozean erstreckt. Der Übergang von der hyperboräischen Epoche zur Lemuris ist charakterisiert durch die Trennung der Licht- und Wärmewelt von demjenigen Teil der Schöpfung, der später als «Erde» bezeichnet werden wird: durch den Austritt der Sonne aus der Erde beziehungsweise der Erde aus der Sonne – je nach dem eingenommenen Standpunkt. Die Sonne verdichtet sich und bescheint nun *von außen* die Erde.

Bei all diesen Beschreibungen darf nicht außer acht gelassen werden, daß der Terminus «Sonne» gleichzeitig die schaffenden hierarchischen Wesen bezeichnet wie auch jene physisch werdende Sonne, die sie aus ihrer Substanz heraus entstehen lassen. Bei dieser Schöpfung und der sich anschließenden weiteren Entwicklung handelt es sich noch um eine rein geistige Aktivität. Von der lemurischen Zeit an wirken die Exusiai oder Elohim also von der Sonne aus auf die Entwicklung ein.

Allmählich entsteht nun, in einem noch immer rein geistigen Prozeß, die menschliche Gestalt, und zwar in einer Folge von Formen, die sich in den Evolutionsformen des Tierreiches widerspiegeln. Nicht der Mensch ist aus dem Tierreich entstanden, sondern das Tierreich ist in seiner Evolution eine sichtbar gewordene Stufe der Menschenevolution. Während dieses Prozesses wirken immer stärker irdisch-vermaterialisierende Kräfte auf die noch halb flüssige Materie ein. Vormenschliche Formen, noch plastischer Natur und Prozesse abbildend, die sich im erwachenden astralischen Gefühlsleben abspielen, drohen in eine Verhärtung zu geraten, die, weil verfrüht, die weitere Entwicklung unmöglich gemacht hätte. Diese verfrühte physische Erstarrungstendenz kulminiert in der Erscheinung der Saurier.

Als Reaktion darauf tritt das wichtigste Ereignis der lemurischen Zeit ein: Der Überschuß an verhärtenden Formkräften wird der Erde entzogen und tritt als heutiger Mond aus. Gleichzeitig mit dem Mondenaustritt sterben auch die Saurier aus, und die Entwicklung kann ihren Fortgang nehmen.

Die hohen hierarchischen Wesen, die die Menschheitsentwicklung lenkten, hatten sich in die Sonnensphäre zurückgezogen, um von dort aus zu wirken. Einige der Exusiai (Elohim) aber entschließen sich, einen Ort zu wählen, der der Erde und der Menschheit näher ist, um so die Entwicklungen besser steuern zu können. In zwei Gruppen beziehen sie zwischen Sonne und Erde Position: in der Venus- beziehungsweise Merkursphäre.

Diese hohen Venus- und Merkurwesen begleiten nun die nächste Phase: die beginnende Differenzierung und Spezialisierung der Menschenarten. Die Venuswesen wirken auf die menschlichen Astralleiber, die Merkurwesen auf die menschlichen Ätherleiber (die Lebenskräfte).

Zuerst findet die Differenzierung in männliche und weibliche Menschenformen statt. Die mehr extrovertierten männlichen Formen entwickeln eine große Energie, die mehr introvertierten weiblichen bilden stärker das Innenleben aus. Diese – gegenüber der aufs Äußere gerichteten Kraft der Männer – mehr innerliche Stärke befähigt die Frauen zu den ersten Äußerungen menschlicher Kultur, einer Art aus der Seele hervordringenden Gesanges. Die Frauen sind die Träger des Kulturelements; es bilden sich erste matriarchalische Gemeinschaftsformen heraus – alle Matriarchats-Formen der Völker und Kulturen im Umkreis des Indischen Ozeans sind Überreste, Erinnerungen an die lemurischen Zeiten.

Ein zweiter Differenzierungsimpuls steht in Zusammenhang mit den Einflüssen der verschiedenen Erdgegenden auf die dort lebenden Menschen. Die Venus- und Merkur-Hierarchien lenken in großen Zügen ganze Menschengruppen über die damalige Erdkugel (sie sah anders aus als die heutige). Die dadurch entstehenden Differenzierungen sind allerdings keine bleibenden: Alles paßt sich im Verlauf dieser großen Völkerwanderung der jeweiligen Gegend an, in der sich die Menschen gerade aufhalten.

Die atlantische Zeit

Dann folgt der Übergang zur Atlantis, dem vierten großen Entwicklungsschritt des Erdenstadiums. Die Astralleiber haben sich zwar schon mit Bewußtsein durchdrungen, doch noch nicht mit einem individuellen Ich-Bewußtsein. Die Menschen sind, wandernden Tierherden ähnlich, noch in *einer* großen Gruppenseele miteinander verbunden.

Der alte lemurische Kontinent geht durch Vulkanismus zugrunde; der Indische Ozean entsteht. Die Anfänge der atlantischen Entwicklung spielen sich auf einem südlichen Kontinent ab, der in der Geologie als «Gondwanaland» bezeichnet wird. Dieser Kontinent umfaßte das heutige Südamerika, Südafrika, Australien und die damals dazwischen liegende Antarktis, den heutigen Landanteil des Süd-Polargebietes. Später, im Laufe des stufenweisen Untergangs der Atlantis, zerbricht dieses Gondwanaland in einzelne Stücke, und es bilden sich die heute getrennten Gebiete heraus. Man kann dies in jedem historisch-geologischen Atlas dargestellt finden. Nur Südafrika bleibt mehr oder weniger auf seinem Platz.

Nach und nach kehren die in der lemurischen Periode vorbereiteten Seelen wieder zur Erde zurück. Die erste atlantische Kulturperiode – jede größere Epoche zerfällt in sieben «Kulturperioden», die jeweils ungefähr 2100 Jahre dauern – war die der *Rmoahals.* Sie bilden die Grundlage der sogenannten schwarzen Völker im Umkreis des Indischen Ozeans, zu deren Nachkommen unter anderem die Urbevölkerung Indiens gehört, die Dravidas, die später zu den «Kastenlosen», den «Unberührbaren» werden. Sie entwickeln das Gedächtnis und die ersten, anfänglichen Formen der Sprache. Von der beginnenden atlantischen Zeit an greifen die luziferischen Wesen in den Vererbungsbereich ein und beginnen damit, die Differenzierungen unter der Signatur der jeweiligen Kulturperiode festzulegen. Dadurch tritt eine Fixierung gegenüber den ursprünglich fluktuierenden, gebietsgebundenen Differenzierungsmerkmalen auf.

Die neuere Paläontologie geht von der Annahme aus, daß *alle* Völker der Erde von den Urmenschen Süd- und Mittelafrikas abstammen. Schädelfunde, ja selbst Fußabdrücke im hartgewordenen Lehmboden nähren die bekannten Vorstellungen von den «Vorläufern des Menschen». In Wirklichkeit handelt es sich hier jedoch um degenerierte Entwicklungsreste einer verfrühten Verhärtung, die im Gegensatz stehen zu den Leibern unserer eigentlichen Vorfahren. Letztere besaßen trotz der einsetzenden Vererbungseinflüsse noch immer leicht umformbare Leiber und waren somit zukunftsträchtig.

Die Rmoahals entwickeln vorwiegend die menschlichen Stoffwechselkräfte, symbolisch durch das Bild des Stieres beziehungsweise der Kuh ausgedrückt. Überall, wo diese ersten atlantischen Völker hinziehen, nimmt die Stier- und Kuh-Verehrung zu.

In der zweiten atlantischen Kulturperiode tritt ein neuer Bildeimpuls auf, der mehr den mittleren, rhythmischen Menschen entwickelt. Die *Tlavatlis* sind die Urform aller schwarzen Rassen; auch heute noch besitzen diese ein angeborenes Rhythmusgefühl. Das symbolische Bild dieser Kräfte ist der Löwe, das Tier, welches die menschliche Mitte repräsentiert. Die Tlavatlis bevölkern ganz Afrika und durchziehen auf ihren zahlreichen Wanderungen auch das spätere Europa. Ein besonderes Merkmal ist ihre Eigenschaft, sich in eine Vielzahl von Untergruppen und Stämmen aufzuspalten, die sich in gegenseitigen Abstoßungsprozessen voneinander absondern. Die frühesten Formen des Ahnenkults entstehen bei ihnen.

Die dritte Kulturepoche ist die der *Tolteken.* Hier werden die Adler-Kräfte des Hauptes entwickelt. Sie ziehen westwärts und werden die Vorfahren der südamerikanischen Indianer. Die toltekische Kultur mit ihrem Ackerbau war eine hochentwickelte Kultur friedliebender Völker. Bei ihnen tritt bereits ein gewisser Individualismus auf, außerdem bilden sich die Grundvoraussetzungen einer bewußt gestalteten Gesellschaftsform, einer Art Staatswesen heraus. Ihr Glanz, aber auch ihre schließliche Überwältigung durch die Azteken werden in den Legenden der Indianer von der Halbinsel Yucatan geschildert.

Es ist die Menschheit nun im Sinne der Stier-, Löwen- und Adlerkräfte geprägt; die Zusammenfassung dieser Bildeimpulse zu einer menschlichen Einheit ist dann in der vierten Entwicklungsphase möglich. Diese bildet die Mitte der atlantischen Epoche. Es ist die Zeit der *Ur-Turanier,* die ein umfassendes Bild der menschlichen Gestalt entwickeln.

Nachdem der Mensch zu dieser Harmonie gekommen ist, kann das wichtigste Ereignis der atlantischen Entwicklung stattfinden: die Einsenkung des «Ich» in den Menschen. Dieses Ich ist ein Geschenk der Geister der Form, der Exusiai oder Elohim. Wenn ein Exusiai-Wesen «denkt», so ist sein «Gedanke» nicht etwas, was kommt und geht, sondern schaffende Formgewalt, die selbst neue geistige Gestalten schafft. So ist das menschliche Ich ein «Gedanke» der Elohim, das heißt aus deren Geistqualität entstandene Substanz. Engelwesen begleiten dieses Einsenken des «Ich» in die menschlichen Wesen, die nun zum ersten Male in die Lage versetzt sind, echtes, individuelles Selbstbewußtsein zu entwickeln.

Bis dahin hatte sich nur Luzifer für die Entwicklung der Menschheit interessiert. Mit der Fixierung vererbbarer Formen hatte er einen positiven Beitrag geliefert. Die ahrimanischen Geister hatten noch keinerlei Interesse gezeigt. Dieses Interesse entsteht erst, als das Ich erwacht. Ahriman benutzt dieses Erwachen des Ich sofort, um es im egoistischen Sinne zu steigern: Die turanischen Völker der Atlantis entwickeln dadurch einen wilden Egoismus, wobei auch der Mißbrauch der magischen Kräfte eine Rolle spielt, die der Mensch durch seine Einbettung in die Kräfte der Natur noch besitzt. Dieser Mißbrauch der Naturkräfte beschwört immer verheerendere Katastrophen heraus, die allmählich den Untergang der Atlantis einleiten –

eine eigentlich auffällige Parallele zu den drohenden ökologischen Katastrophen unserer Zeit.

Der ganze südatlantische Kontinent versinkt, und die Kultur zieht sich auf die übriggebliebenen Bruchstücke des alten Gondwanalandes zurück. Die turanischen Völker ziehen nach Nordosten und lassen sich in dem Gebiet nieder, das heute als die Äußere Mongolei bekannt ist. Sie vermischen sich später mit anderen Völkern, insbesondere mit den Ur-Mongolen, und verleihen dieser Mischung ihren turanischen Grundcharakter. Dieser lebt im Schamanentum der heutigen turanischen Völker weiter.

Derjenige Teil der Menschheit, der sich aus den Wasser- und Eiskatastrophen der untergehenden turanischen Atlantis retten kann, ist fähig, eine fünfte atlantische Kultur in der nördlichen Atlantis, dem «Niflheim» der Edda, zu begründen, die *ur-semitische*. Die nun mit einem Ich begabte Menschheit kann sich jetzt immer individueller entwickeln. Doch verfügt sie noch über eine Art von Verbundenheit mit den Naturkräften, indem sie nicht nur hellsichtig ist in bezug auf die Naturwesen (die wir heute als «Naturkräfte» bezeichnen), sondern auch große Verfügungsmacht über die Natur besitzt.

Die fünfte Kulturperiode ist in der Reihe von sieben evolutionären Stufen immer diejenige, in der die Keime für die nächste siebenstufige große Epoche gelegt werden; so wird auch in unserer heutigen, der fünften *nachatlantischen* Kulturepoche die Grundlage des folgenden großen Zeitalters gelegt.

In der fünften atlantischen Kulturperiode greifen die führenden geistigen Wesen ein, und es tritt der «göttliche Manu», in der Bibel Melchisedek genannt, als Kultur-Stifter auf. Er versammelt die Menschen um sich, die dadurch ihrer Zeit voraus sind, daß sie ihre Hellsichtigkeit bereits weitgehend verloren haben und erste Ansätze zu selbständigem Denken entwickeln. Innerhalb der damaligen, noch ganz auf hellsichtige Fähigkeiten gebauten Kultur gelten sie daher als «zurückgeblieben».

Mit diesen «Ausgestoßenen» zieht Manu ostwärts. Eine Gruppe wandert südlich des Mittelmeers durch Nordafrika, Mesopotamien und so weiter bis nach Zentralchina, wo auf den Inseln eines großen Binnenmeeres, der heutigen Wüste Gobi, das zentrale Sonnenmysterium gestiftet wird, aus dem sodann die ersten nachatlantischen Kulturen hervorgehen. Auf dem Wege dorthin bleiben viele Gruppen zurück und bilden die Keimzellen der späteren semitischen Völker.

Ein anderer Strom bewegt sich nördlich am Mittelmeer vorbei. Dieser Teil der Hauptströmung biegt nordwärts ab und bildet die Grundlage der germanischen Völkerfamilie. Diese Völker entwickeln, nach Rudolf Steiner, eine «Wartekultur», die erst in der heutigen, der fünften nachatlantischen Periode ihre eigentliche Aufgabe ergreifen kann: den Aufbau des Wirtschaftslebens der Bewußtseinsseelen-Zeit.

Während der sechsten atlantischen Periode beginnen allmählich die Nebel aufzusteigen, die den Luftraum der Atlantis bis dahin verschleiert hatten, der gestirnte Himmel wird sichtbar, und der Mensch lernt, sich an den Sternen zu orientieren. Die Kultur der *Ur-Akkadier* ist von den seefahrenden Völkern getragen und bildet die Grundlage der späteren Mittelmeer-Kulturen, einschließlich der griechischen zur Zeit Homers. Nachkommen dieser sechsten Kultur sind unter anderem die Basken und die Berber, die schon durch ihre Sprache, die sie von den sie umgebenden Kulturen unterscheidet, Hinweise auf ihre andersartige Herkunft geben.

Die siebte atlantische Entwicklungsperiode, die *ur-mongolische*, spielt sich im äußersten Norden der Atlantis ab. Die reine Abstammungslinie findet sich heute nur noch bei den Eskimos. Denn die Völker, die heute im allgemeinen als die mongolischen bezeichnet werden, stellen eine Vermischung mongolischer und turanischer Stämme dar (die Völker der Nord- und Südmongolei und Nordchinas). Die Turanier geben dem äußerst sanftmütigen, friedliebenden Charakter der Ur-Mongolen den streitbaren, kriegerischen Einschlag.

Damit wäre die atlantische Kulturentwicklung von einem bestimmten Standpunkt aus – der Entwicklung des leiblich-seelischen Wesensanteils des Menschen – in groben Zügen beschrieben. Es handelt sich dabei um die Kräfte, die in Form von Instinkten, Trieben und Begierden von der Leiblichkeit aus in die Seele eindringen. Diese Entwicklung stand vollständig unter der Führung der Hierarchien, wobei die Venus- und Merkur-Hierarchien eine besonders wichtige Rolle spielten – bis zum Moment der Einsenkung des Ich, durch die nun individuell-biographische Motive geistgeboren in der Seele wirksam werden. Damit hatte die alte Form der geistigen Menschheitsführung durch Völkerwanderungen und -differenzierungen ein Ende. Das führte zu dem Entschluß, den Menschen eine neue Form geistiger Führung zu schenken, bei der die Veränderungen durch das sich entwickelnde Ich mitberücksichtigt wurden.

Die Merkurwesen, die die menschliche Entwicklung über den Ätherleib beeinflußten, beschlossen, mit dem nordostwärts ziehenden Strom (den Ur-Germanen) mitzugehen, um ihn vor dem Zugriff Ahrimans – der ja ebenfalls auf dem Weg über den Ätherleib auf den Menschen einwirkt – zu bewahren. Es waren daher Erzengel aus der Merkursphäre, die die Germanen als ihre Götter und Wegbegleiter erlebten und verehrten. Unter ihnen nahmen Odin-Wotan und später Widar eine zentrale Stellung ein.

Die Venuswesen, die auf den Astralleib wirkten, verbanden sich mit dem südlichen Strom, um bis in die nachatlantischen Kulturen hinein die Astralleiber der Menschen mittels der Kunst, die praktisch rein sakralen Charakter trug, zu veredeln. Dadurch war eine Voraussetzung für das allmähliche Erwachen des Ich im Laufe der Zeiten in einer entsprechend vorbereiteten Leiblichkeit gegeben.

Darin liegt der große Unterschied zwischen den südöstlichen und den nördlichen Völkern: Erstere waren zivilisierter, Träger von Mysterienweisheit und Schönheitskräften; die nördlichen Völker dagegen waren wild, das Erwachen des Ich fand bei ihnen in dem noch ungezügelten astralen Kräftebereich statt. Doch in den starken Äther-Lebenskräften, die ihnen zur Verfügung standen, konnte das noch ungeschützte Ich durch Mut und Tatkraft gestählt werden, Qualitäten, die in der heutigen fünften nachatlantischen Kulturperiode benötigt werden.

Diese Einflüsse waren leiblich-seelischer Natur. Daneben gab es während der atlantischen Zeit auch einen wichtigen seelisch-geistigen Faktor, der zur «Erziehung» der damaligen Völker beitrug. Dabei handelte es sich um Einrichtungen, die Rudolf Steiner, zum Beispiel in seiner *Geheimwissenschaft,* als «Planeten-Orakel» bezeichnet hat, Orte, wo die höchstentwickelten Vertreter jeder Kulturperiode durch Priester inspiriert wurden, welche die Fähigkeit besaßen, die Führungsimpulse der «Menschheits-Urlehrer» in sich aufzunehmen. Diese Urlehrer waren nicht in einem physischen Leib, wie er damals beschaffen war, verkörpert, sondern wirkten in ätherischer Gestalt mittels einer «von oben her» sich mitteilenden Offenbarungsweisheit in den Seelen der Menschen. Nachdem das Ich der Menschen im Leibe wirksam geworden war, zogen sie sich allmählich in die Mondensphäre zurück, von wo aus sie in anderer Weise ihren Ein-fluß auf die geistige Entwicklung der Menschheit weiter ausübten.

Die atlantischen Orakel differenzierten sich sowohl in bezug auf ihre Inhalte wie auch ihre geographische Lage. Es waren *Planetenorakel,* die jeweils eine bestimmte Planetenqualität entwickelten. So entstanden unter den Menschen im Verlauf der verschiedenen Kulturperioden beispielsweise Strömungen, die sich insbesondere mit den Saturnoffenbarungen verbunden fühlten, andere dagegen mehr mit den Jupiteroffenbarungen und so weiter. Im Zentrum stand, an der Westgrenze Irlands, das zusammenfassende Sonnenorakel. Durch die geistige Differenzierung kam neben der mehr leiblichen ein zweiter Entwicklungsstrom ins Spiel.

Diese Orakel als Stätten der Belehrung oder auch der Antwort auf Fragen gingen in der nachatlantischen Zeit häufig in die sogenannten Mysterien über, die wir im folgenden noch genauer behandeln werden.

Fassen wir die atlantische Entwicklung zusammen, so zeigt sich uns:

– ein fortschreitender *leiblich-seelischer* Entwicklungsprozeß, der das gesamte Zeitalter durchzieht; die leiblichen Differenzierungsprozesse nach Rassen, Völkern, Stämmen und Familien werden von Luzifer durch die Vererbung fixiert;

– eine zunehmende *geistig-seelische* Entwicklung, die von den Planetenorakeln initiiert wird; ihre differenzierende Wirkung gründet in den Qualitäten der sieben Planeten und den Inspirationen der Planetenhierarchien.

Beide Differenzierungsimpulse wirken sich bis heute aus. Sie können täglich erfahren werden, sei es in der Begegnung von Rassen und Völkern, sei es im Aufeinandertreffen verschiedener, individueller Bilder der Wirklichkeit samt ihren unterschiedlichen geistigen Entwicklungshintergründen.

Man sollte diese beiden Differenzierungsströme nicht miteinander vermengen. Innerhalb aller Völker, in jeder Rasse trifft man Individuen an, die von einem der sieben geistigen Differenzierungsimpulse geprägt sind. So kann man sich etwa einem Familienmitglied gegenüber durchaus wie ein Fremder fühlen, während man sich vielleicht mit einem Menschen einer anderen Rasse schon nach wenigen Worten geistig auf derselben «Wellenlänge» befindet.

Bis vor einigen Jahrhunderten spielten die leiblich-physischen Unterschiede die wichtigste Rolle. Heute werden die geistig-seelischen Verschiedenheiten immer wesentlicher. Beide müssen durch Zusammenarbeit und geistige Begegnung überwunden werden.

Die nachatlantische Zeit

Nach dem Abschluß der siebten atlantischen Kulturperiode beginnt ein neuer Zyklus von sieben Zeitaltern, dessen Ziel die stufenweise fortschreitende Individualisierung der Menschheit auf der Basis der von den Hierarchien gelenkten Entwicklung ist. Nun soll das Ich zur Wahrnehmung seiner Eigenverantwortung für die weitere Entwicklung erwachen.

Die erste nachatlantische Kultur kommt zur Blüte im Gebiet des heutigen Indien. Von Zentralasien aus, wohin der göttliche Manu die südliche Strömung der atlantischen Völkerwanderung geführt hatte, zogen um ca. 8000 v. Chr. Völkergruppen in das heutige Indien. Die Kultur wurde von sieben hohen Eingeweihten, den «sieben heiligen Rishis», geleitet, von denen jeweils einer das Wesen einer der atlantischen Kulturepochen verkörperte.

Diese erste nachatlantische Menschheit war noch völlig offen gegenüber der geistigen Welt. Ihre Ätherleiber flossen in die Ätherumgebung aus, und es konnte daher noch kein abgeschlossenes, individuelles Ich-Bewußtsein entstehen. Die Erinnerungsfähigkeit war von Merkzeichen und Steinsetzungen abhängig. Wurden diese Zeichen angetroffen, so stellten sich Bilder der Geschehnisse ein, die Anlaß ihrer Errichtung gewesen waren. Rudolf Steiner bezeichnet dies als das «lokale Bewußtsein» hinsichtlich der irdischen Dinge. Im Gegensatz dazu wurde das übrige Bewußtsein vom hellsichtigen Schauen der geistigen Welt beherrscht. In dem Maße, wie sich die Ätherleiber allmählich zusammenzogen, nahm das atavistische Hellsehen ab. Dadurch wurde die irdische Umgebung immer deutlicher sichtbar, ein Vorgang, der dem Erwachen aus einer Traumwelt vergleichbar ist.

Naturgemäß liegen aus dieser ersten Periode keinerlei schriftliche Zeugnisse vor. Die Bewußtseinsinhalte jener Zeiten leben jedoch als «veda» (die heilige Weisheit übersinnlichen Ursprungs) und «shruti» (das mit dem inneren Ohr Wahrgenommene) fort. Jahrtausendelang wurde die Veda-Weisheit nicht schriftlich, sondern mündlich, vom Guru an den Schüler, weiterüberliefert. Nach dem «lokalen Gedächtnis» entwickelte sich das rhythmische Gedächtnis; in endlosem Wiederholen nach bestimmten Anweisungen wurde der Inhalt dem Bewußtsein eingeprägt.

Auch heute noch sind die Inder kein Volk des geschriebenen heiligen Wortes. Ihre Schrift dient weltlichen Zwecken, die heiligen Texte erhalten nur Sinn in der Gestalt des lebendigen, vom Guru ausgesprochenen Wortes. Dieser spricht: «Im Anfang war das Wort, der Veda, das ewig erklingende. Dann kamen die Ur-Eingeweihten, die heiligen Rishis, welche die Offenbarung vernahmen und sie zu den Menschen brachten.»

Ein Beispiel aus dem Shvetashvatara Upanishad (zitiert nach Walter Eidlitz):

> Das höchste Geheimnis der Essenz des Veda,
> das in einem früheren Erdensein verkündet wurde,
> darf niemandem anvertraut werden,
> der nicht in Gott gegründeten Frieden erlangt hat
> und der kein würdiger Sohn und kein würdiger Schüler ist.
> Denn die Reichtümer der ewigen Wirklichkeit,
> die mitgeteilt wurden,
> leuchten nur auf in einer großen Seele,
> die höchste Bhakti (dienende, erkennende Liebe) zu Gott hat
> und ebenso wie zu Gott auch zum Guru.
> Nur in einer solchen großen Seele leuchten sie auf.

Vyasa, ein hohes geistiges Wesen, hat die Aufgabe, das ewige Wort zu empfangen und in den verschiedenen Perioden der Weltentwicklung in geeigneter Form seinen menschlichen Schülern, zum Beispiel den Rishis, zu übermitteln. Man kann den Eindruck erhalten, daß «Vyasa« für die Inder dasjenige war, was später die Griechen und die ersten Christen als «Sophia» bezeichnet haben. In der «philo-sophia», der Liebe zur Weisheit, entwickelten die Griechen ihre Kultur.

Der eine, höchste Gott offenbart sich in der Welt durch die Dreiheit von Brahma, Shiva und Vishnu. Die vielen anderen Götter der indischen Religion sind die Hierarchien, die in der christlichen Überlieferung als die neun Qualitäten der himmlischen Heerscharen angesprochen werden.

Im Lauf der Jahrtausende wurden die Menschen immer individueller und verloren ihre Hellsichtigkeit. Die gesamte Kultur stand im Zeichen des Rückblicks auf das alte goldene Zeitalter, als die Menschheit noch im Schoß der Götter lebte. Der Schulungsweg, der zur Wiedererlangung der ursprünglichen Einheit führen sollte, stand unter der Führung eines Gurus. Dieser Yoga-Weg gipfelte im Aufgeben des irdischen, egoistischen Ich-Bewußtseins und dem Aufgehen im kosmischen Bewußtsein, welches einstmals allen Menschen gemeinsam war, auf daß die «Heilige Ordnung» (Dharma) wiederhergestellt würde.

Ungefähr 6000 v. Chr. entfaltete sich im Gebiet des heutigen Persien oder Iran ein zweiter Impuls der Kulturentwicklung, der von Anfang an einer Menschheit gemäß war, die bereits in der Realität des irdischen Lebens zu erwachen anfing. Eine Kosmologie entstand, in der der Kampf zwischen Licht und Finsternis im Vordergrund stand, der Kampf zwischen dem großen Sonnenaura-Wesen Ahura Mazdao oder Ormuzd und dem Finsterniswesen Angra Mainyu (Ahriman).

Der Mensch stand mitten zwischen beiden Mächten und konnte die durch das Wirken Ahrimans materiell gewordene Welt aus der Finsternis erlösen, indem er das Licht in sich selbst und in der Welt verstärkte. Die Veredelung wilder Pflanzen zu Kulturgewächsen (Grasarten zu Getreide und so weiter) und die Domestizierung wilder Tiere waren religiöse Handlungen. Auch die Rosenzucht war Religion. Das Feuer galt als heilig, denn in ihm wurde die durch Ahriman in die Verdichtung geführte Materie erlöst und konnte in Licht und Wärme entflammen, das heißt dem Ahura Mazdao wiedergeschenkt werden.

Das Zentralheiligtum der Perser lag auf einer offenen Hochfläche, in deren Mitte sich ein Berg mit einer abgeflachten Spitze erhob. Hier brannte auf einem riesigen Altar im Freien Tag und Nacht und bis weit in die Ferne sichtbar das heilige Feuer – im Gegensatz zum ägyptischen Tempel späterer Zeit, dessen Allerheiligstes, wie auch beim salomonischen Tempel, in absolutes Dunkel gehüllt war.

Der große Inspirator der persischen Kultur war Zarathustra. Was die sieben heiligen Rishis für die Inder waren, das war Zarathustra für die Perser. Auch er war ein Abgesandter des mittelasiatischen Mysterienzentrums und hatte wie sie den Auftrag, eine neue Kultur zu inaugurieren.

Die dritte nachatlantische Kulturperiode wird als die ägyptisch-chaldäische bezeichnet. Wir sind, so scheint es zunächst, heute gut informiert über diese Kultur, denn sie hat uns viele beeindruckende kultische Bauwerke hinterlassen. Dennoch ist die Lehre ihres Inaugurators Thot – die Griechen nannten ihn «Hermes Trismegistos», den dreimal großen Hermes – für den modernen Zeitgenossen ein «hermetisch» verschlossenes Buch. Die ägyptische Kultur ist eine Übergangskultur von der alten, noch hellsichtig begabten Menschheit zur modernen Menschheit mit ihrem in sich geschlossenen, individuellen Seelenleben.

In der alt-indischen Kultur hatte sich der Mensch so weit entwikkelt, daß sein Ätherleib imstande war, sich von den flutenden Natur-Ätherkräften abzugrenzen. In der persischen Kultur wurde der Astralleib durch den Kampf zwischen Licht und Finsternis, Geist und Materie, Gut und Böse individualisiert. Dabei handelte es sich um die Reinigung des menschlichen Begierdenwesens, so daß der Astralleib wieder in die Lage kam, die strahlenden Sonnenkräfte auf Erden zu repräsentieren. Die Griechen gossen die Imagination dieses gereinigten Astralleibs in das Bild vom «Goldenen Vlies».

Die Ägypter hatten nun die Aufgabe, diesen auf die kosmische Sonnenqualität hinorientierten Astralleib in Richtung auf ein Zentrum innerhalb der eigenen Seele zu verinnerlichen, zu einer *inneren Sonne* zu machen. Dabei entwickelte sich die Empfindungsseele, indem sie sich immer stärker vom Empfindungs*leib* (dem Astralleib) zu lösen vermochte.

Den Schulungsweg, der dies ermöglichte, fand man in den Mysterien. Die indische Kultur kannte noch keine Mysterien im Sinne von Lehrstätten, in welchen junge Menschen während langer Jahre der inneren Reinigung und Schulung zur Einweihung vorbereitet wurden. In Indien kannte man noch die persönlichen Meister-Lehrer, bei denen man in Einsamkeit den Yoga übte. In Persien sehen wir bereits den Beginn einer Mysterien-Kultur. Doch die eigentliche Blütezeit der Mysterien liegt in der dritten nachatlantischen Kultur, da die Menschheit an den Punkt gekommen ist, wo sie die geistige Welt, die vorher um sie herum offen dalag – wie heute für uns die materielle Welt –, zu einer selbständigen, individuellen Innenwelt zu verinnerlichen vermochte.

Der ägyptische Einweihungsweg führte den Schüler ins eigene Innere und konfrontierte ihn mit der Frage: Woher komme ich, und wie bin ich zu einer individuellen Persönlichkeit geworden? Um diese Frage beantworten zu können, mußte der Schüler seine Erinnerungsfähigkeit bis in sein vorgeburtliches Leben ausdehnen, das heißt in die Zeit der Vorbereitung seiner damaligen Inkarnation, und weiter bis in frühere Erdenleben, in welchen die Keime der Fähigkeiten seines jetzigen Lebens gebildet worden waren (siehe die Beschreibung der ägyptischen Mysterien in meinem Buch *Der Mensch an der Schwelle).*

Der ägyptische Tempel ist ein Spiegel dieses Weges ins Innere. Er führt über einen offenen Vorhof und durch verschiedene, von Halbdunkel erfüllte Räume schließlich in einen absolut isoliert gelegenen, völlig finsteren Raum, in welchem das Einweihungsritual vollzogen wurde.

Als Folge der individuellen Verinnerlichung wird der Tod zum Problem. Welche Daseinsform hat der Mensch nach dem Tode? Existiert er tatsächlich weiter, und ist er individuell verantwortlich für alles, was er getan hat? Oder löst er sich in den allgemeinen Weltengeist auf? Die fortwährende Beschäftigung der alten Ägypter mit dem Tode, die beispielsweise in der großen Sorgfalt zum Ausdruck kommt, mit der sie den Leichnam eines Verstorbenen präparierten, ist ein Kennzeichen des Übergangscharakters der ägyptischen Kultur.

Die chaldäischen Kulturen, die parallel mit der ägyptischen verlaufen, haben eine stärkere Orientierung nach außen und setzen die persische Strömung fort. Der Verinnerlichungsprozeß, der zu einem anfänglich individuellen Seelenleben führt, verbindet sich hier mit dem Handeln in der Welt. Die Geschichte von Gilgamesch und Enkidu-Eabani schildert diesen Prozeß anhand der Biographien zweier Menschen. Gilgamesch ist der Mensch, der durch den Tod seines Freundes vom Verlangen getrieben wird, den Tod zu überwinden und das ewige Leben zu finden. Er zieht deshalb westwärts, wo er in den Mysterien Hybernias eine Antwort zu finden hofft (auf den Charakter dieser Mysterien wird später noch näher eingegangen).

Die ägyptische Mysterienkultur hatte ihre Blütezeit ungefähr von 3000 v. Chr. bis 800 v. Chr. Als Alexander der Große im dritten vorchristlichen Jahrhundert Ägypten eroberte und sich in die dortigen Mysterien einweihen ließ, waren diese bereits stark in eine Veräußerlichung übergegangen – die Nachblüte, wie sie sich unter Ptolemäus als Versuch entfaltete, den alten Formen neuen Inhalt zu verleihen, war nur von kurzer Dauer.

Die vierte nachatlantische Kulturperiode, die griechisch-römische, brachte die Entwicklung der Gemüts- und Verstandesseele.

Die alten Griechen der archaischen, homerischen Zeit (ca. 1200 v. Chr.) lebten jedoch noch im Stadium der Empfindungsseele. Der Kampf um Troja, den Homer besingt, ist ein Kampf zwischen zwei Kulturen, dem alten, theokratischen Troja, dessen Bewohner noch in einem Gruppenbewußtsein leben, und den jüngeren Griechen mit ihrem erwachenden Persönlichkeitsbewußtsein. Dieser Kampf wird nach zehnjähriger Dauer schließlich beendet – nicht aufgrund einer auf Ehre und Tradition beruhenden Tat, nicht durch den Zweikampf der Feldherren, sondern durch eine ganz neue Kraft: den individuellen Verstand.

Odysseus ist derjenige, der sich durch seine List, das Trojanische Pferd, bereits fünfhundert Jahre vor dem Beginn des neuen Zeitalters als Repräsentant der Verstandesseelen-Kultur darstellt – und überdies durch die Erlebnisse seiner langwierigen Heimfahrt schon die Problematik der kommenden Entwicklungsphase vorwegnimmt.

Wir stoßen hier auf ein Gesetz: Bevor eine neue Entwicklungsphase beginnt, nimmt eine Individualität die Aufgabe auf sich, die künftige Problematik zu durchleben und zu durchleiden. Dasselbe gilt für Parzival am Ende der Verstandesseelen-Entwicklung: Er geht als erster den Weg der Bewußtseinsseele, fünfhundert Jahre vor deren Anbruch.

Ab etwa 700 v. Chr. entwickelten die Griechen die neue menschliche Fähigkeit, in der Philosophie die geistige und physische Wirklichkeit innerhalb und außerhalb des Menschen in geordneter, systematischer gedanklicher Form auszudrücken. Die ersten Philosophen dachten noch in Bildern, erst auf dem Höhepunkt der griechischen Philosophie, bei Platon und Aristoteles, tritt das bildhafte Denken der dritten Kulturperiode zurück zugunsten des abstrakten Denkens, das zur vierten Kulturphase, der Verstandesseelenzeit, gehört.

An dieser Stelle der nachatlantischen Entwicklung betreten wir historisch bekannte Gefilde. Nach den Griechen steuerten die Römer die Kultur noch tiefer in den Bereich der irdischen Wirklichkeit hinein. Sie entwickelten ein Rechtsleben, das auf den irdischen zwischenmenschlichen Beziehungen basiert, nicht mehr auf den göttergegebenen Gesetzen. Auf dem Wege über das römisch geprägte Christentum wirkte dieser Impuls weiter bis ans Ende des Mittelalters.

Seit dem Anfang des fünfzehnten Jahrhunderts leben wir im fünften nachatlantischen Zeitalter, dem Zeitalter der Bewußtseinsseele, welches den Wendepunkt der geschilderten «Verirdischungstendenz» bringen soll. Äußerlich ist davon noch wenig zu bemerken; die neuen spirituellen Tendenzen sind noch schwach und sind sich ihrer Aufgabe inmitten der heutigen Kräftekonstellationen noch nicht ausreichend bewußt. Zur Erhellung des Hintergrundes dieser Kräfte wird es nötig sein, noch ein wenig tiefer auf Wesen und Bedeutung der antiken Mysterien einzugehen.

Vom Wesen der alten Mysterien – die griechische Mysterienkultur

Mysterien waren Stätten geistiger Schulung während der nachatlantischen Kulturentwicklung, in denen immer wieder neue Schülergenerationen zur sogenannten «Einweihung» geführt wurden, das heißt zur individuellen Erfahrung einer geistigen Wirklichkeit. Die Einweihung vollzog sich in Phasen, je nach dem Reifegrad des Einzuweihenden.

Es ist bereits deutlich geworden, daß die Mysterien nicht der ältesten Menschheitsgeschichte angehören, sondern einer relativ jungen Vergangenheit. Während der ersten nachatlantischen Kultur, der urindischen (ca. 8000 - 6000 v. Chr.), waren die Ätherleiber der Menschen gegenüber ihrer Umgebung noch so offen, daß sie fließend in die Äther- oder Lebenskräfte übergingen, die in der Natur walteten. Dadurch verfügten die Menschen über ein, mit heutigen Begriffen ausgedrückt, «natürliches Hellsehen». Im Lauf der weiteren Entwicklung «schrumpfte» der individuelle Ätherleib immer mehr zusammen. Das hatte zweierlei Konsequenzen: Zum einen individualisierte sich der Mensch hinsichtlich seiner Umgebung, das heißt, er erlebte sich selbst immer stärker als ein Individuum; zum anderen ließ sein natürliches Hellsehen nach, und er wurde wach für die ihn umgebende Welt.

Die alten Inder hatten, wenn sie mit der geistigen Welt Kontakt aufnehmen wollten, die Möglichkeit, einen Guru aufzusuchen, einen heiligen Mann, der in der Einsamkeit meditierte, und ihn zu bitten, sie als Schüler anzunehmen. Das beinhaltete, daß man sich den Anweisungen dieses Guru zu unterwerfen hatte und von ihm mit Strenge auf dem Yoga-Weg geführt wurde.

Die alten Perser (nach 6000 v. Chr.) orientierten sich schon stärker auf die Erde hin. Ihr Entwicklungsweg implizierte, daß sie durch die Kultivierung der Erde deren Finsternis wieder in die heilige Lichtwelt des großen Sonnengottes Ahura Mazdao hineinführten. Es traten in dieser Zeit die ersten Ansätze von Institutionen auf, in welchen Priester bestimmte Menschen nach langer Vorbereitungszeit zur Einweihung führten, so daß sie am Sonnenkultus teilnehmen konnten. Hierüber später mehr.

Die Blüte des Mysterienwesens treffen wir erst in der ägyptischen Kultur und den damit parallel verlaufenden assyrisch-chaldäischen Kulturen (ab ca. 4000 v. Chr.) an. Überall entstanden Schulen, die mit Tempeln verbunden waren. Dort wurden die verschiedensten Einweihungswege beschritten; denn die Ziele und Wege der einzelnen Mysterien begannen sich schon bald zu differenzieren.

Als sich die ägyptische Kultur ihrem Ende zuneigte, wurde es immer schwieriger, vollständige Einweihungen zu vollziehen. In dem Maße, wie die Menschen dem fortschreitenden Individualisierungsprozeß unterlagen und sich dadurch als selbständiges, von der geistigen Welt getrenntes Ich empfanden, wurde es schwieriger, den Schüler an die Todesgrenze heranzuführen und weiter über diese Grenze hinaus bis in die Welt der Hierarchien, ohne daß der Einzuweihende dabei tatsächlich starb.

Während die Perser der Zarathustra-Kultur diese geistige Welt vorwiegend in ihrem Sonnencharakter und als eine «männliche» erlebten, erfuhren die Angehörigen der darauffolgenden ägyptischen Kultur jene Welt auf der anderen Seite der Schwelle als «weiblich», das heißt in ihrem Mondencharakter. Dies wurde später, in der zweiten Hälfte der ägyptischen Kulturentwicklung, in der Gestalt der Isis (der Mondenqualität) angedeutet, die ihren Osiris (die Sonnenqualität) verloren hatte. Die Einzuweihenden standen vor der Schwelle und merkten, daß Isis nicht mehr wie früher sprach. Die schweigende, trauernde Isis war der letzte Rest, den sie noch von der geistigen Welt erleben konnten. Nach ihrer Rückkehr ins normale Leben empfanden sie sich als «Söhne der Witwe».

Sie hatten vor der Schwelle gestanden, aber die Sphärenharmonien hatten nicht gesprochen. Dennoch hatten sie während der jahrelangen Vorbereitungszeit und durch die Prüfungen, denen sie sich unterziehen mußten, gelernt, aus denjenigen Kräften zu leben, die aus dem Geistbereich auf die Seele einwirken. Wenn sie nach vielen Jahren wieder in ihre weltlichen Aufgabenbereiche zurückkehrten, waren sie andere Menschen geworden. Sie waren nun imstande, aus einem tief erlebten Verantwortungsgefühl heraus zu Trägern der Kultur und der Religion ihres Landes zu werden.

Um ein noch deutlicheres Bild antiker Mysterien zu vermitteln, soll im folgenden wenigstens *eine* alte Mysterienkultur konkreter dargestellt werden. Wir wählen dafür die griechische Kultur, da sie für uns auch im äußerlich-historischen Sinne am zugänglichsten ist.

Die griechische Kultur speiste sich in ihren drei Hauptäußerungen durch Kunst, Philosophie und Bildung politischer Staatswesen aus den Quellen dreier Mysterien, in die ihre Hauptträger eingeweiht waren. Drei Mysterienstätten bestimmten das geistige Leben Griechenlands: Eleusis bei Athen, Ephesos an der Küste Kleinasiens und Samothrake auf einer Insel vor der mazedonischen Küste.

Für die Athener war *Eleusis* das wichtigste Zentrum. Der Jahreslauf wurde von zwei Jahresfesten, den kleinen und großen Eleusinien, markiert. Die kleinen Eleusinien fanden alljählich im Tal des Ilissos-Baches unweit der Stadt Athen statt und waren allen Bürgern frei zugänglich. Die großen Eleusinien standen denen offen, die den vorbereitenden ersten Grad in den kleinen Mysterien durchlaufen hatten. In der Blütezeit Athens waren das immerhin mehr als 30 000 Menschen! Die Einweihung in den zweiten Grad erfolgte in Eleusis selbst, 22 km westlich von Athen an der Bucht von Salamis gelegen. Wer den zweiten Grad durchlaufen hatte, mußte mindestens ein Jahr warten, bevor er zum dritten und letzten Grad, der eigentlichen Einweihung, zugelassen wurde. Dafür kam nur eine kleine Anzahl von Menschen in Frage.

Was war der Inhalt der Eleusinien? Es waren Mysterien, die den Menschen einerseits auf seinen Zusammenhang mit der Natur hinwiesen, auf die Entsprechung von Makrokosmos und Mikrokosmos, und andererseits ihn in sein unbewußtes Seelenleben hineinführten und ihn lehrten, die dort wirksamen Kräfte zu handhaben und zu beherrschen.

Das Weltbild der Griechen kannte das Spannungsfeld zwischen einem «Vater-Gott» (Zeus) auf den Höhen des Olympos und einer «Muttergöttin» (Demeter), die der Erde ihre Fruchtbarkeit schenkte.

Die Eleusinien waren Demeter-Mysterien, in welchen auch Dionysos, der Repräsentant des Unbewußten im Menschen, verehrt wurde. Die kleinen Eleusinien fanden, nach unserem heutigen Kalender, am 1., 2.und 3. Februar statt. Dionysos, von einem Priester dargestellt, erschien auf einem Schiff, das an Land gezogen wurde und auf Rädern weiterrollte, in seinem Gefolge tanzten fünfzig bocksfüßige Satyrn mit Pferdeschweif hinter dem Wagen einher. Dieses auf Rädern fahrende, von Satyrn umtanzte Schiff, lateinisch «carrus navalis», ist eine der Wurzeln unseres «Karneval», der ja auch heute noch im Februar oder März gefeiert wird. Die Athener schlossen sich, jeder mit einem Krug Wein versehen, dem Umzug an. Der Aufzug führte sodann durch das Ilissos-Tal, wo sieben den Planetengöttern geweihte Tempel standen; hier wurde jeweils Station gemacht. Das Ende der Feier bildete die Hochzeit des «Dionysos» mit seiner Königin «Ariadne».

Dionysos stand für den in Entwicklung begriffenen Menschen, wie er den Weg vom Säugling über das Kind, den Jüngling und den Erwachsenen bis zum älteren Menschen, vom unbewußten bis zum bewußten Ich-Menschen zurücklegt und dabei von den Satyr-Kräften in seinem Unbewußten begleitet wird. Wer diesen Zug mitgemacht hatte und am Ende gegenüber einem «Paten», einem höheren Eingeweihten, das heilige Gelöbnis abgelegt hatte, der war zum «Mysten» geworden. Die Mysten durften an den nächstfolgenden großen eleusinischen Mysterien teilnehmen.

Diese großen Mysterien fanden im Herbst statt und dauerten neun Tage. Die heiligen Statuen und Geräte, die von Eleusis nach Athen gebracht worden waren, wurden in einer Prozession die lange Strecke nach Eleusis zurückgeführt. Am dritten Tag langte man dort an. Diejenigen Mysten, die weiter fortschreiten wollten, wurden einem Ritual unterzogen und durften schließlich den Tempelbereich betreten. Dort stand im Zentrum ein großes, quadratisches und nach allen Seiten offenes, von vielen Treppen umsäumtes Gebäude, auf welchem rund 3000 Teilnehmer stehend an den Festlichkeiten des zweiten Einweihungsgrades teilnehmen konnten. Deren Höhepunkt war, nach einigen Tagen der Vorbereitung, die Aufführung des Persephone-Dramas.

Persephone ist die Tochter der Demeter, die jedes Frühjahr die Pflanzen aufs neue zum Wachsen und Blühen bringt. Sie wird nach mancherlei Ereignissen von Hades, dem Gott der Unterwelt, geraubt. Demeter ist untröstlich, so daß die Saat nicht mehr keimt. Sie irrt nun, als alte Frau vermummt, mit zwei Fackeln auf der Erde umher, auf der Suche nach Persephone, und droht Zeus mit der totalen Vernichtung der Erde, falls er nicht eingreife. Schließlich findet sie Triptolemos – der Name bedeutet ursprünglich «dreifacher Krieger» oder «Pflüger» (ein Bild für einen dreifachen Eingeweihten) –, er ist bereit, in die Unterwelt hinabzusteigen und Persephone der Macht des Hades zu entreißen. Der Abstieg des Triptolemos und der Kampf mit Hades wurde als ein dramatischer Höhepunkt erlebt, als etwas, was jeder strebende Mensch durchmacht, wenn er inmitten der Finsternis des Unbewußten die Auferstehungskräfte des Ich sucht. Die Befreiung Persephones, der reinen Seele, gelingt nur teilweise: Zwei Drittel des Jahres darf sie oben auf der Erde bei Demeter weilen, den restlichen Teil des Jahres muß sie in die Unterwelt zu Hades zurückkehren. So ist es auch beim Menschen: zwei Drittel des Tages darf er im Wachbewußtsein verbringen, ein Drittel gehört dem Schlaf.

Wer diese Erlebnisse, die mehrere Tage in Anspruch nahmen, durchgemacht hatte, der konnte am Ende durch den leitenden Priester, den Hierophanten, die Einweihung empfangen, nachdem er ein Gelöbnis abgelegt hatte, das ihn zu absolutem Stillschweigen über den Inhalt des Erlebten verpflichtete. Solch ein Mensch besaß nun «teleté», das heißt, er war eingeweiht.

Schließlich konnte, einige Jahre danach, die letzte, dritte, Stufe der Einweihung erklommen werden. Über das, was hier geschah, können lediglich Mutmaßungen angestellt werden. Der Myste wurde ein «epopte», ein vollständig Eingeweihter.

Soweit in aller Kürze die Beschreibung der eleusinischen Mysterien. Generell läßt sich folgendes über ihren Charakter sagen: Diese athenisch-griechischen Mysterien waren Mysterien der Spätzeit. In ihnen wurden innere Erfahrungen in Form äußerer Bilder sichtbar gemacht. Jeder konnte selbst entscheiden, ob er an ihnen teilnehmen wollte. Der erste Teil war sogar ein öffentliches «Karnevalsfest»! Bei den alten Mysterien war dies anders. Da mußte man gefragt werden, und die Priester suchten junge Menschen aus, die aufgrund ihrer Konstitution imstande sein würden, eine vollständige Einweihung mit der dazugehörigen Lösung aus dem Leibe auszuhalten, ohne dabei zu sterben. Diese alten Mysterien spielten sich in verborgener Einsamkeit, im Inneren der Mysterientempel ab.

Obwohl die Eleusinien nur noch sogenannte «Halbmysterien» mit großenteils nur symbolischen Einweihungen waren und nur wenige bis zum dritten Grad zugelassen werden konnten, übten sie dennoch einen enormen Einfluß auf das kulturelle Leben Athens aus. Sie bildeten die Grundlage der Blüte von Kunst, Politik und Philosophie. Es waren Mysterien, die auf das Erwachen des Ich aus der Unbewußtheit des reinen Naturmenschen abzielten, auf das Erwachen zur Verstandesseelen-Ebene der vierten nachatlantischen Kulturperiode.

Einen ganz anderen Charakter trugen die an der Küste Kleinasiens gelegenen *ephesischen* Mysterien. In der griechischen Kolonie Ephesos berührten sich die antiken asiatischen Kulturen und die im Aufgang befindliche griechisch-römische Kultur. Hier war die letzte Stätte, an der noch eine «klassische» Einweihung möglich war. Es ist schon einmal bemerkt worden, daß sich der griechische Geist zwischen Ephesos und Eleusis bewegte, zwischen Artemis, die wie ihr Zwillingsbruder Apollo in Ephesos geboren sein soll, und Persephone, der in Griechenland Beheimateten.

Während die Mysterien im restlichen Asien und in Ägypten schon in Verfall übergegangen waren und die dort vollzogenen Einweihungen nur noch symbolischen Charakter trugen – der Schüler erlebte nur noch das, was der Priester-Hierophant ihm inspirativ, ja vielleicht nur suggestiv aus der Tradition vermittelte –, war Ephesos der letzte Ort, wo die Mysterien noch lebendige Wirklichkeit waren. Dazu trug vor allem die Innigkeit bei, von der die gesamte Ausbildungs- und Vorbereitungszeit durchdrungen war. Rudolf Steiner schildert diese Atmosphäre mit warmen Worten (im Vortrag vom 14. August 1924 in Torquay, GA 243): Der Lehrer geht mit dem Schüler in der Abenddämmerung durch den heiligen Hain, der den Tempel umgibt. Bei bestimmten Pflanzen bleibt er stehen, um sie mit dem Schüler zusammen zu betrachten. Dann gehen beide in die Schlafeswelt der Nacht hinein, jeder mit einer eigenen Aufgabe: Der Lehrer konzentriert sich auf die Formen einer Pflanze und erfährt träumend die

Wirkungen der «geronnenen» Schöpfertaten der Exusiai; der Schüler lenkt sein Bewußtsein auf die «Chemie» der Pflanzensäfte und kommt zu einem Erleben der in Auf- und Abbau atmend tätigen Kräfte der Dynamis, der Geister der Bewegung. Am Morgen treffen Schüler und Lehrer wieder zusammen, und durch ihre vereinten Tätigkeiten entsteht ein Bild der Wirkung jener Pflanze im menschlichen Leib, wenn sie als Nahrungs- oder Heilmittel verwendet wird.

Ein anderer Vorgang in diesen Mysterien war die Aufforderung an den Schüler, sich ganz mit der Gestalt der Artemis zu identifizieren, jener merkwürdigen Statue, die wir durch Ausgrabungen kennen: eine stehende Frauengestalt, bis unter die Achselhöhlen straff umwickelt, so daß sie zur Säule wird, auf welcher viele Tiere dargestellt sind, darunter immer die Biene, das Kennzeichen der Artemis. Die Strenge der Gestalt wird von innen her von vielen Brüsten durchbrochen, die, Weintrauben gleich, das Bild der schenkenden Fruchtbarkeit sind; auf den Schultern liegt der Löwenkragen, das Haupt wird von einer Festung gekrönt. Dieses Bild stand in einer Nische des Tempels. Im Dach darüber befand sich eine Öffnung, die so angelegt war, daß die Strahlen des Mondlichtes bei Vollmond genau und ausschließlich auf diese Statue fielen. Lehrer und Schüler – sowohl Männer als Frauen waren zugelassen – zogen gemeinsam bei Sonnenuntergang auf den Pfaden des Hains schweigend zum Tempel, wo sie, nach dem Aussprechen der heiligen Schwellenworte, zur stillen Kontemplation des vom Monde beschienenen Standbildes zugelassen wurden.

In Ephesos, dem Zentrum der Artemis, hüteten Priester und Priesterinnen die Geheimnisse des schaffenden Wortes, das von Urbeginn an ist und alles, was existiert, geschaffen hat. Aus dem Wort entsteht die Materie und mit dieser im engeren Sinn die Eigenschaften der Metalle und Pflanzensäfte, der Tiergattungen und Pflanzenarten. Kurz, in den ephesischen Mysterien war der gesamte geistige Hintergrund der Welt, der Schöpfung und der Natur noch durchsichtig – ihre Weisheit wurde anhand der Spiegelfunktion des *Mondes* gewonnen. Alle alten Mysterien des Ostens waren ihrem Wesen nach

Weisheitsmysterien. So wie das Licht des Mondes gespiegeltes Sonnenlicht ist, so spiegelt der Mond die Weisheit des gesamten hierarchischen Kosmos, differenziert durch die «färbenden» Qualitäten der Planeten und die Formkräfte der Fixsterne.

Diese Weisheit aus der Kraft des schaffenden Wortes, sie wurde in ihren wechselnden Konstellationen als «kosmische Sprache» aufgefaßt; in ihr sprach die geistige Welt zu den Menschen, und der Eingeweihte verstand sie aus den Spiegelungen des Mondes zu lesen. Dadurch konnten die echten Eingeweihten der antiken Mysterien jederzeit wissen, welche «Aufträge» die geistige Welt ihnen, den Lenkern und Kulturträgern ihres Landes, zukommen ließ. Die späteren, bereits dekadent gewordenen Mysterien mußten sich mit der *Erinnerung* an kosmische Aufträge begnügen, wie sie in der Vergangenheit einmal empfangen worden waren und nun nur noch tradiert wurden. Ephesos war die letzte Stätte einer Mysterienschule, wo sich das lebendige Wort noch unmittelbar offenbarte. Die ephesischen Mysterien haben, der Überlieferung zufolge, ein paar Jahrtausende lang existiert. In ihrer letzten Phase wurde die Stadt von den Griechen kolonisiert; dadurch konnte der Inhalt ihrer Mysterien über die Philosophen, die bis hin zu Platon in Ephesos eingeweiht worden waren, die griechische Kultur befruchten. Die griechische Philosophie war so in der Lage, innerhalb der sich entwickelnden Verstandesseele die alte Inspiration durch das Mysterien-Wort nun in der Mondenqualität des eigenen Denkens zur Auferstehung zu bringen.

Im Jahre 356 v. Chr., in derselben Nacht, da Alexander der Große geboren wurde, ging der Tempel zu Ephesos durch Brandstiftung in Flammen auf. Der Ruhm dieser Stätte war der Anlaß, daß sich Alexander – selbst ein Eingeweihter der Mysterien von Samothrake – während seines Persien-Feldzugs beeilte, Ephesos aufzusuchen. Er traf an der Stelle, wo zuvor der alte, intime Tempel gestanden hatte, auf Bauaktivitäten für einen prächtigen marmornen Tempel, der nichts mehr von dem besaß, was in der Seele Alexanders lebte. Ephesos war in geistiger Hinsicht gestorben.

Und doch! Das «Wort», das da erklungen war, blieb für den «Hellhörenden» noch lange in der Umgebung vernehmbar. Der Evangelist Johannes, der Jahrhunderte später in Ephesos wirkte und dort sein Evangelium niederschrieb, läßt dieses mit den ephesischen Mysterienworten beginnen: «Im Urbeginne war das Wort.»

Der dritte Mysterienquellort der griechischen Kultur und damit der gesamten anbrechenden Verstandesseelenzeit war *Samothrake*, die allerverborgenste Mysterienstätte, weil die Insel infolge der dort herrschenden Stürme lediglich während einiger Monate im Jahr erreichbar war. Hier wurde noch der Kult der geheimnisvollen Kabiren-Götter gepflegt, die Goethe im zweiten Teil seines «Faust» erwähnt. Heiligtümer, in denen diese «großen Götter» verehrt wurden, gab es über das gesamte damalige griechische Kulturgebiet verstreut; in ihnen konnten die Vorbereitungen absolviert werden. Die eigentlichen Einweihungen jedoch waren nur auf Samothrake möglich. Um dorthin zu gelangen, mußte man eine gefahrenreiche Reise unternehmen. Wer sie hinter sich gebracht hatte und sich vom Meer aus der Insel näherte, die an manchen Stellen bis zu 1600 Meter hoch beinahe senkrecht aus dem Meer emporragt, der wurde von tiefer Ehrfurcht vor dem Wirken der höchsten und ältesten Welten-Schöpfermächte erfüllt, denen er hier begegnete.

In der samothrakischen Einweihung konnte man zu einer Erfahrung der über und hinter der Schöpfung stehenden Hierarchien gelangen. Die bekannten griechischen Göttergestalten waren Erzengelwesen der dritten Hierarchie; sie stehen den Menschen nahe und wurden dementsprechend in der griechischen Mythologie mit zahlreichen menschlichen Eigenschaften dargestellt. Die «großen Götter» Samothrakes jedoch gehören der ersten und zweiten Hierarchie an: den Thronen, den Geistern des Willens, die einst den «alten Saturn» als Wärmekosmos schufen; den Kyriotetes, den Geistern der Weisheit, die die alte Sonnenentwicklung initiierten, indem sie diese mit ihrem Weisheitslicht durchdrangen; den Dynamis, den Geistern der Bewegung, die den «alten Mond» beseelten; den Exusiai (Elohim), die alles dadurch in die Daseins-Wirklichkeit überführten, daß sie, was zuvor in rein geistiger Form geschaffen worden war, konkretisierten. Diese letzte Gruppe von Wesen, der zweiten Hierarchie angehörend, wurde durch den vierten der Götter Samothrakes repräsentiert, den Gott, der immer im Hintergrund blieb.

Die Götter Samothrakes trugen uralte Namen, die nicht griechischer Herkunft sind: *Axieros*, der erste Schöpfer; *Axiokersos*, der Lichtbringer; Axiokersa, Empfindung; und *Kadmilos*, der vierte, der gleichsam auf die Taten der anderen drei herabschaut und den Menschen (das Ich) schafft.

Es gehört zu den Merkwürdigkeiten Samothrakes, daß die «großen Götter» als Zwerge dargestellt wurden und in der Gestalt von Krügen, in denen auf dem Altar eine Art von Weihrauch verbrannt wurde. Die Priester sprachen in den aufsteigenden Rauch hinein und lasen aus den dabei entstehenden Formen die Antworten der Götter heraus.

Über die Vorgänge des Einweihungsweges wissen wir praktisch nichts; sie blieben das Geheimnis der Eingeweihten. Der vorbereitende Grad mußte bereits erreicht sein, wenn der Myste in Samothrake zugelassen werden wollte. Der erste Grad der Mysten Samothrakes waren die «eusebia», der zweite und umfassendste die «epoptai». Zur Erlangung dieser höchsten Einweihungsstufe wurden nur wenige zugelassen und nur solche, die lange Zeit, mindestens jedoch ein Jahr, auf Samothrake weilten.

Die Mysterien von Samothrake sind von den drei beschriebenen die alleraltesten. Sie gehen auf indische und persische Ursprünge zurück und kamen über Chaldäa nach Samothrake. Doch es gibt noch einen zweiten Ursprung: die eigenen Inselkulturen des Mittelmeerraumes. Die sechste atlantische Kulturperiode, die die Ur-Schicht der Mittelmeervölker hervorgebracht hat, bildete eine hohe kosmische Weisheit heraus, welche sich mit der soeben beschriebenen Strömung aus nachatlantischer Zeit verband (Rudolf Steiner beschreibt das im Vortrag vom 21. Dezember 1923 in Dornach, GA 232).

Diese drei Mysterien der griechischen Zeit haben am Anfang der Verstandesseelen-Entwicklung die Grundlage für das Geistesleben des Mittelalters gebildet.

Nach der Zeit des Hellenismus, in der die griechische Kultur ihre Nachblüte erfuhr, fand das Mysterium von Golgatha statt. Das Urchristentum und die ersten christlichen Gemeinden entwickelten sich in der oben beschriebenen geistigen Atmosphäre. Mit den letzten traditionellen Weisheitsüberlieferungen einer alten spirituellen Kultur mußte jetzt das größte Mysterium begriffen werden. Das führte zum Versuch, dies mit den Mitteln des griechischen philosophischen Denkens zu erreichen.

Alexandria wurde zum Zentrum eines erneuerten Platonismus, Antiochien zur Stätte des damit rivalisierenden Neo-Aristotelismus. Zwischen diesen beiden Zentren bildete sich, wie die frühkirchlichen Konzilien zeigen, ein Dogmen-Streit mit allen dazugehörigen gegenseitigen Ausgrenzungen und Verketzerungen heraus. Die innere Entwicklungslinie des Christentums verlief dagegen anders.

Rudolf Steiner spricht immer, in einem Doppelbegriff, von der *Verstandes-* und *Gemüts*seele. Nun sehen wir diese zwei Seiten der Entwicklung: Das Verstandesseelen-Christentum ging den Weg der dogmatisierenden und theologisierenden Kirchen. Das Gemütsseelen-Christentum wurde vom Volk getragen, das mit der ganzen Kraft seiner gemüthaften Frömmigkeit das Christentum vom Osten nach dem Westen und damit, nach dem Ende der römischen Zeit, in das beginnende Mittelalter hineintrug. Während der Blütezeit der Mysterien war es undenkbar, daß jemand ein wichtiges Amt oder eine hohe Position, zum Beispiel im Heer, innehatte, ohne eingeweiht zu sein. Denn die Gemeinschaft der Eingeweihten war das «moralische Rückgrat» der Kulturen, der bewußte Teil der Staaten. Die alten Mysterien sind darum auch als die «Universitäten der Antike» bezeichnet worden. Ähnlich wie heute bestimmte Funktionen nur Absolventen eines universitären Bildungsganges offenstehen, hatten damals, allerdings in einer viel umfassenderen Weise, nur diejenigen Zugang zu leitenden Stellungen, die die Einweihungswege der Mysterien durchlaufen hatten.

Alle Völker, auch die anderer Erdteile und Kulturgebiete, zum Beispiel des amerikanisch-indianischen oder chinesischen, hatten ihre Mysterien; ihre Inhalte konnten sehr unterschiedlich sein, je nach ihrer Abstimmung auf die verschiedenen Bedürfnisse und Aufgaben beziehungsweise die andersartigen Erlebensweisen der Wirklichkeit. Daraus erklärt es sich, daß wir immer wieder hören, wie große Individualitäten der verschiedenen Völker häufig viele Jahrzehnte ihres Lebens damit verbringen, von Mysterienstätte zu Mysterienstätte, von Tempel zu Tempel, von einem Guru zum andern zu ziehen – und dabei immer neue Aspekte der geistigen Wirklichkeit aufnehmen.

Für uns Europäer sind vor allem die Entwicklungen von Interesse, die einen Beitrag zur Herausbildung unserer Kultur mit ihren sehr unterschiedlichen Formen und Inhalten geleistet haben. Im weiteren Verlauf unserer Betrachtungen werden wir daher *vier Hauptströmungen* unterscheiden, die sich zu einer Zeit, da die Differenzierung der Menschheit noch eine notwendige Entwicklungsstufe war, unabhängig voneinander entwickelt haben. Denn durch diese Differenzierung tritt auf der einen Seite zwar eine gewisse Vereinseitigung auf, gleichzeitig entstehen aber auch mit der Spezialisierung innerhalb der einzelnen Bereiche gesteigerte Fähigkeiten.

Während ihrer fortlaufenden Inkarnationen konnte sich das «Ich» der Menschen entwickeln, indem es Erfahrungen innerhalb der verschiedenen Völker und geistigen Erkenntnisrichtungen sammelte. Dabei blieb jedoch der «individuelle Grundton» erhalten, wie er bereits während der atlantischen Entwicklung unter dem Einfluß der oben beschriebenen Planetenorakel veranlagt worden ist. So entwickelten bestimmte Menschen eine vornehmlich «saturnisch» geprägte Geisteshaltung, andere dagegen eine merkuriale, eine Mars-Qualität und so weiter.

Doch die Zeit ist gekommen, in der eine Weiterentwicklung nur möglich ist, wenn sich die verschiedenen Qualitäten, die geistigen «Farbabstufungen», Lebenshaltungen und so weiter begegnen und *einander die Früchte ihrer jeweiligen Sonderentwicklung schenken!*

Es haben sich große Gegensätze herausgebildet:

Es gibt Menschen, die durch Mysterien hindurchgegangen sind, die sich vor allem auf das Herausbilden von Formen gerichtet haben, beispielsweise die ägyptischen, in denen der ganze soziale Bereich im Sinne strenger, heiliger Formen geregelt war. Für diese Menschen entsteht ein Inhalt von selbst, wenn die Form vollendet ist. Im Extrem sind dies die «Form-Fundamentalisten».

Es gibt Menschen, die sich fast ausschließlich für Inhalte interessieren, die davon überzeugt sind, daß sich die Form von selbst bildet, wenn der Inhalt nur von hoher Substanz erfüllt ist.

Es gibt Menschen, die keinerlei Bedürfnis nach kulturellen oder wissenschaftlichen Inhalten haben, sondern die Wirklichkeit im Tun suchen, die direkt in ihren Willen hineinschießen und durch «trial and error», aus Erfahrungen lernend, leben wollen.

Es gibt Menschen, die kein Bedürfnis nach Taten empfinden, sondern die Wirklichkeit tief im Innern suchen, um sie dort auch zu erleben. Jeglicher Zwang zum Handeln bringt ihre innere Ruhe durcheinander.

Es gibt Menschen, die ganz in der Vergangenheit leben, die die Straßen im alten Ninive besser kennen als das Viertel, in dem sie wohnen.

Es gibt Menschen, die völlig zukunftsorientiert sind und alles ständig verändern wollen, weil die Vergangenheit per definitionem falsch ist.

Wenn diese Menschen sich begegnen, so bedeuten dieselben Worte für jeden von ihnen etwas anderes, da für jeden von ihnen anderes selbstverständlich ist. Hieran erkennen wir die karmischen Hintergründe einer differenzierten Menschheit, die heute nicht mehr in geographisch getrennten Gebieten lebt, sondern überall bunt gemischt «durcheinanderinkarniert» ist.

Aber: *Was sich einst differenziert hat, muß sich jetzt integrieren.* Unser aller höheres Ich, im Verein mit seinem Engel, hat diesen Ruf vernommen und uns dorthin auf die Erde geführt, wo wir die neuen Mysterienwege der Integration erüben lernen können. Dabei müssen wir erleben, *daß diese Aufgabe erst noch in die Tat umgesetzt werden muß,* auf einem langen Weg von Erfolgen und Rückschlägen.

Doch so, wie es früher Menschen gab, die über ein «natürliches Hellsehen» verfügten, die von einer geistigen Welt wußten, weil sie sie schauten, so kommen jetzt immer mehr Menschen auf die Erde mit der Fähigkeit eines «natürlichen Hellwollens». Sie suchen die Begegnung, die Zusammenarbeit und gegenseitige Abstimmung aus einem selbstverständlichen inneren Drang. Dieser Drang wird jedoch ins Bewußtsein gehoben werden müssen. Allzuleicht gelingt es sonst den dieser Entwicklung feindlichen Mächten, die guten Absichten zunichte werden zu lassen, indem sie sie auf einen Irrweg führen, beispielsweise durch falsche Bilder oder leere Begriffshülsen oder durch Manipulation zur vorschnellen, überforcierten Verwirklichung, wodurch sie keinen gesunden Entwicklungsboden finden können. Denn eines haben die alten Mysterien und die neuen Mysterien der Integration miteinander gemeinsam: Man erreicht das Ziel nur, indem man den langen Weg in Geduld und Vertrauen und mit Durchsetzungskraft geht.

Wer diese neuen Mysterien der menschlichen Begegnung sucht, wird entdecken, daß sie christliche Mysterien sind: Christus ist dort anwesend, wo zwei in wahrer Brüderlichkeit versammelt sind.

Der Weg dorthin führt über das Studium der Menschheitsentwicklung und der Kosmogonie zu einem Mit-Leben und Mit-Leiden mit allen Menschen auf der Erde.

Solange wir noch eine Nacht lang ruhig schlafen können, während woanders Menschen leiden, haben wir den Christus noch nicht begriffen.

DIE BEGEGNUNG DER VIER MYSTERIENSTRÖME IN EUROPA

Die europäische Entwicklung ist ein Glied innerhalb der viel umfassenderen Gesamt-Menschheitsentwicklung. In letzterer spiegelt sich, wie wir bereits sahen, die ganze Erdenmission wider, ihr langer Weg vom alten Saturn, der alten Sonne und dem alten Mond über die eigentliche Erdenphase bis hin zu Jupiter, Venus und Vulkan. Die Mittelphase dieser Gesamt-Evolution, die heutige Erde, bringt als zentrales Ereignis die «Fleischwerdung» des Christus. Er geht von da an *gemeinsam mit der Menschheit* deren weiteren Weg mit. Die Verbindung, die der Christus durch Tod und Auferstehung mit dem Menschheitsschicksal eingegangen ist, ist der eigentliche Sinn der Erdenphase.

Während der vierten nachatlantischen Kulturperiode vollzog sich die Auferstehung Christi in der physischen, gegenständlichen Welt. In der fünften nachatlantischen Periode tritt die Verbindung des Christus mit der Erde in eine neue Phase ein. Das zentrale Ereignis der fünften Periode hat in diesem unserem 20. Jahrhundert stattgefunden: Es ist die Auferstehung des Christus in der ätherischen Welt. Ebenso wird er einst auch die Astral- und die Ich-Welt mit seinen Auferstehungskräften durchdringen.

Damit das Bewußtsein der Menschheit sich so weit entwickeln kann, daß es in der Lage ist, das Erscheinen des Christus in der ätherischen Welt wahrzunehmen, ist ein Zusammengehen der vier großen Mysterienströme der Vergangenheit notwendig. Dieses Zusammenfließen der im folgenden noch näher darzustellenden Mysterienströmungen ist eine Notwendigkeit, da die Menschen die

Organe entwickeln sollen, die sie befähigen, die Durchstrahlung der Ätherwelt durch den Christus wahrzunehmen und in ihre eigene Entwicklung aufzunehmen.

Die vier erwähnten Mysterienströmungen bilden ein Kreuz. Sie begegnen einander im Schnittpunkt der Balken dieses Kreuzes. Dort, im Zentrum, ist die Stelle, wo die «neuen Mysterien» ihre verbindende Mission entfalten. Die Grundlage dieser neuen Mysterien ist durch Rudolf Steiner im Jahre 1923 während der «Weihnachtstagung» geschaffen worden, als er, zusammen mit den damals Anwesenden, den geistigen «Grundstein» einer Mysterienschule der Zukunft legte. Wir werden am Ende unserer Betrachtungen auf diese Erneuerungstat Rudolf Steiners zurückkommen, doch zuerst soll der Umkreis dieser Tat, die historische Entwicklung der vier Strömungen und ihr Fortwirken bis in die heutige Zeit, sichtbar gemacht werden. Der *horizontale Balken des Kreuzes* wird durch die zueinander strebenden Strömungen der östlichen, nachatlantischen Mysterien und der westlichen, atlantischen Mysterien Hyberniens gebildet. Der *östliche* Strom ist Träger einer Weisheit, die aus der Läuterung der dem Astralleib geschenkten Weisheit geboren wurde. Der *westliche* Strom ist Träger der reinen Sonnen-Ätherkräfte, die wohlbehütet im zentralen atlantischen Sonnen-Orakel lebten.

Nach dem Mysterium von Golgatha konnte sich der Weisheitsstrom des Ostens mit dem Geistselbst, dem geläuterten Astralleib des Christus, verbinden, der westliche Strom mit seinem Lebensgeist, dem durchstrahlten Ätherleib. Dies mußte innerhalb der Mysterien geschehen, durch kleine Menschengruppen, die ihr Leben in den Dienst einer solchen Aufgabe stellten. Bei den aus der östlich-vorchristlichen Welt hervorgehenden Mysterien geschah das in der Gralsströmung, bei den westlichen in der iro-schottischen Kirche und im Artusrittertum. Im Jahre 869 flossen die beiden Ströme im Irdischen zusammen durch die Tat Parzivals, der als Artusritter Gralskönig wurde.

Diese Parzival-Gralsströmung harrte seither der Vereinigung mit den anderen Strömungen entgegen. Die Menschen, die in diesen

Strömungen standen, bereiteten sich während des Lebens zwischen Tod und neuer Geburt in der Sonnen-Sphäre und unter der Führung des Sonnen-Erzengels Michael gemeinsam mit anderen darauf vor.

Der *vertikale Balken des Kreuzes* wird von den zueinander strebenden Strömungen der *nördlichen* und der *südlichen* Mysterien gebildet. Hier ist ein viel älterer Gegensatz wirksam als der zwischen Ost und West. Es ist der Gegensatz zwischen den allerältesten Mysterien der Menschheit, die noch aus den Kräften der hyperboräischen Epoche wirkten, und denen der darauf folgenden lemurischen Epoche. Die nördlichen Mysterien sind hyperboräischer Herkunft, aus einer Evolutionsphase also, in welcher die Sonne noch mit der Erde verbunden war. Die südlichen Mysterien sind ein Ausfluß der lemurischen Entwicklung, während derer der Astralleib des Menschen ausgebildet wurde.

Die Griechen personifizierten diesen Gegensatz in den Gestalten von Apollo und Dionysos. Dementsprechend kann man von «apollinischen» und «dionysischen Mysterien» sprechen. Die apollinischen Mysterien lebten in äußerst verborgenen Zentren im hohen Norden und hatten die Aufgabe, von dorther die während der mittelatlantischen Entwicklung durch die turanischen Völker eingetretene Korruption der menschlichen Natur wieder zu heilen. Die dionysischen Mysterien lehrten den Menschen, mit den verborgenen mächtigen Stoffwechselkräften umzugehen und diese mit dem erwachenden Ich zu durchdringen. Rudolf Steiner äußerte einmal in einem Gespräch, als letzte, verborgenste Geheimlehre der griechischen Mysterien sei gelehrt worden: «Apollo und Dionysos sind eins!» Denn der Mensch muß in sich selbst die apollinischen Kopfkräfte mit den dionysischen Stoffwechselkräften verbinden, indem er die neue Sonnenkraft der Mitte entwickelt – indem er das Herz durchchristet.

Die nördlichen Mysterien sind Mysterien des Ich als eines Geschenks der Sonnen-Elohim. Die südlichen Mysterien sind Mysterien des physischen Leibes, der dem «Sündenfall» des Irdischwerdens unterlag und durch die Christuskraft die Möglichkeit der Auferstehung erhielt. Es sind Mysterien von Tod und Auferstehung des physischen Leibes. Das zeigt sich deutlich in der ägyptischen Kultur, die als dritte nachatlantische Kultur die Aufgabe hatte, einen Entwicklungsschritt über die dritte große Kulturepoche der Erdenentwicklung, die lemurische, hinaus zu realisieren: Man beschäftigte sich intensiv mit dem Tod und balsamierte die Leiber der Toten ein, damit sie in der Lage waren, in der Sonnenbarke des Osiris dahinfahrend, den Weg in die geistige Welt zu finden. Im späten Mittelalter trat innerhalb dieser Strömung das Rosenkreuzertum auf.

Die Differenzierung dieser vier Mysterienströmungen beruhte vor allem auf den geistigen Qualitäten der Planeten, repräsentiert durch die Elohim oder Exusiai. Jede Strömung wurde daher von einem der Elohim-Wesen geführt, wobei allerdings berücksichtigt werden muß, daß immer auch hohe menschliche Eingeweihte in den Mysterien tätig waren.

In den *nördlichen Mysterien* war dies *Sig*, der hohe atlantische Eingeweihte der Merkurmysterien; er begleitete die germanischen Völker. In den *westlichen Mysterien* war es der aus den zentralen atlantischen Sonnenmysterien kommende Eingeweihte *Skythianos*. Durch ihn wirkte der Mysterienimpuls Hyberniens weiter bis nach Nordost-Europa hinein und impulsierte dort die slawischen (russischen) Völker. In den *südlichen Mysterien* war es der «dreimal große» *Hermes*, der Repräsentant der lemurischen Merkurkräfte, welcher die «hermetischen» ägyptischen Mysterien inaugurierte und dadurch den Boden für den später über Rom auf Europa übergehenden ägyptischen Geist, seine hierarchischen Sozialstrukturen und so weiter, legte. In den *östlichen Mysterien* wirkten in der alt-indischen Kultur die sieben heiligen *Rishis*, innerhalb der urpersischen *Zarathustra* und später *Buddha* als Erneuerer der indischen Mysterien. Sie alle waren Gesandte der Sonnenloge der Menschheit, wobei Buddha mehr die heilenden, merkurialen Kräfte repräsentiert. Über die griechischen Mysterien der Spätzeit kam diese Geistesströmung nach Europa und wurde zum Träger eines «esoterischen Christentums», welches sich am deutlichsten in der Gralsströmung des neunten Jahrhunderts offenbart.

Für den mit den hier erwähnten Hintergründen noch nicht vertrauten Leser wird diese skizzenhafte Darstellung notgedrungen sehr verwirrend sein; vielleicht kann nachstehendes Schema eine Hilfe sein, sich ein Gesamtbild des geistigen Werdeganges Europas zu machen.

		Hyperboräa Trudi-oder Drottenmysterien Germanen WIDARSTROM ↓		
Atlantis ARTUSSTROM Hybernia Irisches Christentum	⟶	Die neuen Mysterien	⟵	*Nach-Atlantis* GRALSSTROM Indien, Persien, Griechenland
		↑ ROSENKREUZERSTROM Rom Ägypten *Lemuris*		

Die Mysterien, die sich innerhalb der östlichen Kulturen herausbildeten, waren *Weisheitsmysterien.* Die großen Menschheits-Urlehrer der atlantischen Epoche hatten sich von der Erde in die geistige Mondensphäre zurückgezogen und inspirierten von dort aus die weitere Kulturentfaltung. Das bedeutet, daß nun die gesamte kosmische Weisheit von dieser Mondensphäre her in «gespiegelter» Form offenbart wurde. In diesem Zusammenhang war Luzifer der große Helfer der Menschheit, denn er war es, der den Menschen diese Weisheit zum ersten Mal, wenngleich verfrüht, in gedanklicher Form vermittelte.

Hier spielt sich etwas ab, was Rudolf Steiner uns nachdrücklich zum Bewußtsein bringen wollte (in den Vorträgen vom Oktober/

November 1919, jetzt in *Der innere Aspekt des sozialen Rätsels,* GA 193): Die Weisheit der alten östlichen Mysterien war luziferisch gefärbt. Sie war dadurch allerdings nicht weniger wahr. Denn Luzifer und Ahriman sprechen beide in ihrer Art die Wahrheit; sie bringen diese aber zu einem ganz bestimmten *Zeitpunkt* mit einer ganz bestimmten *Absicht* ins Spiel. In diesem Fall hatte Luzifer die Absicht, die Menschen von ihrem vorgesehenen irdischen Entwicklungsweg abzubringen und in ihnen, unvollkommen wie sie waren, das Verlangen zu erwecken, als Geist in einer rein geistigen Welt, einer Art Nirwana, zu leben. Wäre das vollständig gelungen, so wäre eine Weiterentwicklung der Menschheit ausgeschlossen worden. Um die Verwirklichung seiner Absichten zu unterstützen, inkarnierte sich Luzifer um ca. 3000 v. Chr., das heißt zu Beginn der ägyptisch-chaldäischen Kulturperiode in einem menschlichen Leib, und zwar innerhalb einer chinesischen Mysterienschule. Er wirkte dort als glänzender Denker, indem er die kosmische Weisheit, die bis zu diesem Zeitpunkt in *bildhafter Form* vom Menschen erfaßt wurde, nun in die Form *gedanklicher Vorstellungen* umschmolz. Diese Inkarnation brachte der Menschheit die Möglichkeit, geistige Inhalte rein denkerisch zu erfassen. Die späteren Mysterien griffen diesen Impuls auf und nahmen dadurch einen luziferischen Charakter an, blieben freilich nach wie vor Träger höchster Weisheit.

Immer schwieriger wurden dadurch die echten Einweihungen. Das Eigen-Ich war im Denken erwacht, bevor es durch Christus den Impuls der Selbstlosigkeit und der Liebe in sich hatte aufnehmen können. Allmählich wurden die Mysterienwege zur reinen Tradition, und der Priester mußte während der Einweihung dem Geheimschüler die überlieferten Bilder suggerieren. Die Mysterien wurden selbst zur Spiegelung alter Inhalte.

In seinen Vorträgen über das «Fünfte Evangelium» (GA 148) beschreibt Rudolf Steiner als eine der Prüfungen des Jesus von Nazareth, daß er erleben mußte, wie die Altäre der alten Mysterien «leer» waren und Dämonen dort zu den Menschen sprachen.

Das ist das letzte Stadium, auch wenn in einigen späteren Mysterien der griechischen Zeit noch echte Einweihungen möglich waren (Ephesos, Samothrake, Eleusis). Im Volk Israel spiegelt sich dieser Prozeß darin, daß die Schriftgelehrten an die Stelle der Propheten traten. Sie diskutierten nun intellektuell das einst inspirativ entstandene Weisheitsgut.

Die Gnosis war für den Nahen Osten die Form, in der vor allem die alte persische Weisheit in Form von Vorstellungen, Bildern und Erzählungen konserviert werden konnte. Dadurch ermöglichte sie vielen Suchenden noch ein Erfassen des kosmischen Aspekts des Mysteriums von Golgatha, am stärksten durch die Art, in der *Mani* im dritten Jahrhundert n. Chr. sein aus eigenem Erleben geformtes Christentum entwickelte. Hier schließen sich alte persische Weisheit und Christentum zu einem großen Ganzen zusammen.

Ganz anders verlief die Entwicklung der nördlichen, germanischen Völker und der Urbevölkerung Irlands und Englands. Deshalb nannte Rudolf Steiner die nördliche ureuropäische Kultur eine «Wartekultur», das heißt eine Kultur, die jahrtausendelang warten mußte, bis der Zeitpunkt gekommen war, da sie ihre weltgeschichtliche Rolle spielen sollte.

In allen östlichen Mysterien handelte es sich darum, daß der Astralleib durch Übungen und Zeremonien gereinigt und veredelt wurde, bevor das Ich in der Einweihung geistig erwachte. In den germanischen Mysterien jedoch fand dieses Erwachen des Ich im ungezügelten Astralleib statt. Einer meiner Freunde verglich diese Art der Einweihung einmal mit einer «Operation ohne Narkose».

Das Ziel der Einweihung war hier die Entwicklung von *Mut*, einer notwendigen Voraussetzung der späteren Bewußtseinsseelen-Kultur. Dieser Einweihungsweg wird in der Edda als die Prüfungen geschildert, die Odin durchmachen muß.

In den östlichen Weisheits-Mysterien hing viel von der Erblichkeit, also einer Mondenqualität, ab; in bestimmten Familien waren die Voraussetzungen für eine Einweihung durch die Vererbung gegeben. Bei den Germanen gab es kein erbliches Führertum. Wenn einer der Leiter gestorben war, wurde der Träger der stärksten Mut-Kräfte zum

Nachfolger gewählt und auf den Schild gehoben. In ältesten Zeiten war es sogar üblich, dem in der Weihnachtszeit zuerst geborenen Kind später, zwischen seinem 30. und 33. Lebensjahr, die Königswürde zuzuerkennen.

Die Wildheit des Astralleibes wurde im Bild des Drachens erlebt. Das ist der Ursprung des so häufig wiederkehrenden Märchenmotivs des Helden, der den Drachen besiegen muß. Er ist zu dieser Tat vor allem dadurch fähig, daß er keine Angst vor dem Untier hat, das heißt, er weiß nicht nur, daß das Ich immer stärker ist als der Astralleib – er lebt es auch praktisch dar.

Während der vielen Jahrtausende, die diese nordischen Völker in der Sphäre des alten Hyperboräa lebten, wurden der Wildheit jedoch auch Lichtkräfte hinzugefügt. Dadurch entwickelten diese Mysterien auch eine apollinische Seite. Aus ihr stammt die Fähigkeit der späteren Germanen und Wikinger, das soziale Leben zu gestalten.

Gegenüber den östlichen Mysterien der Weisheit bezeichnet Rudolf Steiner die nördlichen Mysterien als *Mysterien der Erde* und des *Willens* mit der Aufgabe, das soziale und ökonomische Leben der Bewußtseinsseelen-Zeit vorzubereiteten. Durch Jahrtausende hindurch mußten die Kräfte entwickelt werden, die notwendig sind, um dem Bösen mutig begegnen, es überwinden und erlösen zu können. Das ist die Aufgabe der Bewußtseinsseelen-Entwicklung. Die Mysterien der nördlichen Erde erforderten die Kraft der Geistesgegenwart, das bedeutet: unerschrocken in kritischen Augenblicken das Gute *tun* zu können. Hier wurde in erster Linie die Kraft der geistigen Intuition geübt, die notwendig ist, um in einer konkreten Situation schnell und angemessen zu handeln.

Zur Zeit der dritten nachatlantischen Kulturperiode, während in Ägypten die höchste Kunst zur Blüte gelangte, entstanden in Westeuropa die Megalith-Monumente: aufgerichtete Steine, Steinkreise und Steinstraßen (Alignements), die Cromlechs und Dolmen, äußerlich primitive und, sofern sie überhaupt verziert waren, nur durch Einkerbungen endlos ineinander verflochtener ätherischer Linienmotive gestaltete Kultstätten, die jedoch alle astronomisch genau auf bestimmte Punkte am Horizont – so zum Beispiel die Stelle, wo die Sonne aufging, wenn sie den Frühjahrs- oder Herbstpunkt erreicht hatte – ausgerichtet waren.

Einsam und tief verborgen lebten in Irland, in einem nahezu vergessenen Gebiet, die «großen Mysterien Hyberniens» weiter, direkt der Sonne geweihte Mysterien und Abkömmlinge des zentralen atlantischen Sonnen-Orakels. Rudolf Steiner äußerte, daß es für den Geistesforscher äußerst schwierig sei, sich diesen Mysterien zu nähern. Kurz vor der «Weihnachtstagung», Ende 1923, beschreibt er ausführlich, wie dort der Schüler nach langen Jahren der Vorbereitung in einen dunklen Raum mit großen Bildsäulen geführt wurde und die Hintergründe von Sommer und Winter, Sonne und Mond, Kunst und Wissenschaft sowie des Weiblichen und des Männlichen kennenlernte; und wie derjenige, der diese Mysterien durchlaufen hatte, die Fähigkeit erworben hatte, durch die Kenntnis der lebenspendenden Sonnenkräfte mit Ackerbau, Viehzucht und Heilkunst an der Erde zu arbeiten. Es waren Mysterien von Sonne, Mond und Erde, der drei in den Elementen und den Jahreszeiten wirkenden Kräfte.

Die hybernischen Mysterien haben die echten Sonnenkräfte auf der Erde gehütet und gepflegt, bis diese sich durch die Tat des Christus auf Golgatha mit der gesamten Erde verbanden. Als Mysterien verschwanden sie danach fast spurlos; nur ihre Nachwirkungen blieben übrig. In den folgenden Kapiteln wird gezeigt werden, daß sie es waren, die dem Volk der Kelten die Kraft verliehen, ein eigenes «Sonnenchristentum» und damit einen unentbehrlichen Faktor in der geistigen Entwicklung Europas zu entwickeln.

Der vierte, südliche Mysterienstrom wird von Rudolf Steiner als die *Mysterien des Menschen* bezeichnet. Es sind die Mysterien des physischen Leibes, wie er im Verlauf der Evolution zuerst in pflanzenhaften und tierähnlichen Formen erscheint und sich schließlich in der lemurischen und frühen atlantischen Zeit zur menschlichen Gestalt heranbildet.

Diese Strömung nimmt im alten Ägypten – als Wiederholung und

Metamorphose der alten Lemuris – ihren Anfang und führt über Rom zur bürgerlichen Kultur des Mittelalters und der Folgezeit. In ihr kommt schrittweise der Materialismus, als ein für die Entwicklung der Bewußtseinsseele notwendiger Faktor, zur Entfaltung. Dieser Prozeß setzt mit dem ägyptischen Mumienkult ein und führt dann über die römische, auf dem Prinzip des persönlichen Besitzes basierende Rechtskultur zur römischen Kirche und weiter zu einer bürgerlichen Kultur des wissenschaftlichen Materialismus, zum Protestantismus und schließlich zum Agnostizismus.

Wir schildern hiermit die exoterische Erscheinung dieser Strömung. Sie hatte die undankbare weltgeschichtliche Aufgabe, die Vorbedingungen einer geistigen Situation zu schaffen, die der Ausgangspunkt einer Kultur der Bewußtseinsseele werden sollte. Es gibt jedoch auch eine esoterische Seite dieser Strömung; sie kommt im Laufe der Entwicklung von Zeit zu Zeit in wichtigen Augenblicken als die Strömung des Johanneischen Christentums und der späteren Rosenkreuzer-Bewegung zum Vorschein.

Die Griechen kannten die vorchristliche Erscheinungsform dieser südlichen Strömung durch ihre Dionysos-Mysterien. Für die der griechischen Kultur entstammenden Christen der Frühzeit war Dionysos die Brücke zum christlichen Verständnis des Mysteriums von Tod und Auferstehung.

Der Sonnenimpuls innerhalb aller dieser Strömungen, das heißt der Einschlag des christlichen Mysteriums, fordert dazu auf, hier auf Erden Weisheit in Liebe umzusetzen. Der Weg dahin führt über das Tun des Guten. Denn Liebe heißt nicht, ein Wissen über etwas zu besitzen, sondern im Dienste von etwas zu handeln. Für dieses Handeln ist der Weg der Erkenntnis zwar Vorbedingung, doch Erkenntnis allein bringt das Gute nicht zustande.

«Schließlich muß alles noch *getan* werden» – so lautete ein Wort Rudolf Steiners.

DER ÖSTLICHE STROM. DAS GRALSGEHEIMNIS

Schon die Frage nach dem Wesen des Grals zeigt, daß wir es mit einem Mysterium zu tun haben. Wolfram von Eschenbach nennt ihn in seinem *Parzival* ein «Ding», später einen «Stein» und zuletzt einen «Kelch». Das «Ding» ist verbunden mit dem Mysterium des Blutes Christi. Als «Kelch» ist es die Schale, die beim letzten Abendmahl den Wein enthielt, von dem Christus sagte: «Dies ist mein Blut.» Es wird erzählt, daß Joseph von Arimathia in dieser selben Schale das Blut auffing, das aus den Wunden des Gekreuzigten floß. – Später wird der Gral nach Europa gebracht und erscheint in England, wo er innerhalb der Tafelrunde des Königs Artus sichtbar gemacht werden kann. Noch später bildet er das Zentrum der Gralsburg. Der Gral wird also als ein «Ding» bezeichnet, er ist jedoch gleichzeitig Träger der allerzentralsten christlichen Auferstehungskräfte.

Wir wollen versuchen, uns dem Geheimnis des Grals zu nähern, indem wir ihn von verschiedenen Seiten aus betrachten.

Einer alten englischen Überlieferung zufolge war Joseph von Arimathia, ein Onkel des Jesus von Nazareth, ein reicher Zinnhändler. Zinn, ein wichtiger Grundstoff für die Herstellung von Bronze, kam aus den Minen von Cornwall an der Südwestspitze Englands. Die Schiffe der Küstenvölker des Mittelmeers fuhren nach England, um dort das wertvolle Metall zu holen. Joseph von Arimathia besaß ein Handelshaus auf der Insel Avalon an der Nordküste Cornwalls, wo Zinn gewonnen und gehandelt wurde. (Heute liegt an der Stelle von Avalon, in einer angeschwemmten Ebene, die Stadt Glastonbury.) Dort in der Nähe stand eine Burg des Königs Artus, Camelot. Als

Joseph von Arimathia das Blut Christi in der Grals-Schale aufgefangen hatte, sperrten ihn die Hohenpriester in einen Turm und mauerten diesen anschließend zu. In der Dunkelheit erschien ihm der Christus und brachte ihm den Gral, der die Eigenschaft hat, alles mit einem strahlenden Licht zu übergießen und durch seinen bloßen Anblick die Lebenskräfte zu erneuern. – Beim Fall Jerusalems hörte Kaiser Vespasianus, der durch das «Schweißtuch der Veronika» vom Aussatz geheilt worden und dadurch dem Christentum wohlgesonnen war, von dem Gefangenen im Turm und ließ diesen aufbrechen. Man fand einen kräftigen Greis in strahlendem Licht.

Nach seiner Befreiung brachte Joseph den Gral in sein Haus in Avalon, wo er fortan nur denjenigen sichtbar wurde, die sich das geistige Organ gebildet hatten, ihn wahrzunehmen. Zu ihnen gehörte zum Beispiel Galahad aus der Tafelrunde des König Artus.

Einer anderen Überlieferung zufolge (siehe Robert de Boron, *Das Buch vom heiligen Gral)* war Joseph ein reicher Ratsherr – was den Zinnhandel nicht ausschließt. Auch in dieser Version wird Joseph nach der Auferstehung Christi in den Turm gesperrt. Auch hier erscheint ihm der Christus mit dem Gral; er spricht zu ihm: «Du sollst das *Zeichen* meines Todes in deiner Macht haben und hüten; und alle, denen du es geben wirst, sollen es in ihrer Macht haben.» In dieser Version wird der Gral also ein «Zeichen» genannt. Ein Zeichen bezeichnet etwas, steht für etwas, wovon es ein Bild ist. Der Gral ist also ganz sicher mehr als ein bloß materieller Kelch.

Nach dieser Überlieferung stiftet Joseph, zusammen mit seinem Schwager Bron, nach seiner Befreiung eine Gemeinschaft, in welcher der Gral «leben» kann. Sie gehen zuerst nach Gallien. Von dort aus gelangt schließlich der Gral nach Avalon. Das Bild bleibt dasselbe: Der Kelch mit dem Blut Christi zieht von Osten nach Westen. Dieses Blut trägt die Kräfte der Auferstehung in sich. Wer den Gral schauen darf, ist verjüngt und kann eine Woche lang nicht sterben.

Wieder ein anderes Bild des Grals ist folgendes: Der Gral war ursprünglich ein Stein in der Krone Luzifers. Beim Kampf in den Himmeln, den die Apokalypse schildert, schlug Michael mit seinem

Schwert diesen Stein heraus, so daß er auf die Erde herabstürzte. Dort wurde er zu einem Kelch geschliffen, der im Besitz der Königin von Saba war, der Braut des Königs Salomo. Durch Salomo gelangte er in die Hände Hierams, des Tempel-Erbauers. Und durch diesen kam er in den Besitz Josephs von Arimathia. Der Gral diente während des letzten Abendmahls als Becher, dann wurde das Blut Christi in ihm aufgefangen. Später wurde er von Engeln nach Nordspanien gebracht. – Wieder sind hier physische Gegenstände und geistige Ereignisse ineinander verwoben.

Rudolf Steiner führte einmal aus, daß mit dem Stein aus der Krone Luzifers ein Engelwesen gemeint ist, das der Sonnensphäre treu blieb und das Opfer brachte, mit den luziferischen Engeln zusammen auf die Erde herabzusteigen, um diejenigen Menschen zu inspirieren, die in der Lage waren, das Mysterium des kosmischen Christus zu ergründen.* Der Gral im Sinne dieses Engelwesens war nur für christliche Eingeweihte sichtbar, sowohl vor als auch nach dem Ereignis von Golgatha. Dieser Gral erneuerte die gesamten Ätherkräfte aus der Sphäre des Sonnenäthers.

Der Gral ist also, wie noch dargestellt werden wird, im Mysterium der «Ätherisation des Blutes», das heißt überall da wirksam, wo der Mensch aus reinen Herzenskräften geistigen Enthusiasmus in sich erzeugt. Was da also als «Ding» zum Bilde der Schale wurde, die das ätherisierte Blut des Christus enthält, welches der gesamten Erde Erneuerungskräfte geschenkt hat – es ist ein michaelisches Engelwesen!

Rudolf Steiner wies auf weitere Zusammenhänge hin, für welche die Geschichte des Grals ein Bild ist: Als der Christus die Sonnensphäre verließ, um sich mit dem Leib des Jesus von Nazareth zu verbinden, ließ er dort seinen «Geistesmenschen» zurück, so wie wir beim Sterben unseren Leib auf der Erde zurücklassen. Der Geistesmensch ist der durch die Tätigkeit des Ich vergeistigte physische Leib

* Dem mittelalterlichen Gedicht *Der Sängerkrieg auf der Wartburg* zufolge bestand die «Krone Luzifers» aus 60000 Engeln. Der Stein, der von Michael aus dieser Krone herausgeschlagen wird, ist – später, im Erdendasein – Parzival!

– ein Wesensglied, an dem seit der Phase des alten Saturn der Weltentwicklung alle Hierarchien gearbeitet haben.

Mit seinem «Lebensgeist», dem vergeistigten Ätherleib, durchdringt der Christus die Äthersphäre der Erde. Er bleibt dort wirksam und erneuert die absterbenden Ätherkräfte der Erde. Diese Wirkung wurde von den keltischen Völkern wahrgenommen.

Ich und Geistselbst des Christus verbanden sich bei der Taufe im Jordan mit dem physischen, Äther- und Astralleib des Jesus von Nazareth und lebten darin während der drei Jahre zwischen der Jordantaufe und der Kreuzigung auf Golgatha. Das Geistselbst ist der durch das Ich gereinigte und vergeistigte Astralleib, das «Goldene Vlies» der Griechen. Dieser durch die Tat des Christus gereinigte und vergeistigte Astralleib, durch dessen Wirkung das trübe rote Blut als Träger der Leidenschaften zum «rosenfarbenen Blut» im Grals-Kelch wird – er wurde durch die Menschen, die den Christus in ihre Herzen aufgenommen hatten, vom Osten nach dem Westen getragen. Die ersten Christen brachten ihn von Kleinasien bis nach Gallien und England. In ihm lag die Kraftquelle des Urchristentums.

In dem Vortrag *Die Ätherisation des Blutes* (in *Das esoterische Christentum* GA 130) schildert Rudolf Steiner, wie beim Menschen durch göttliche Gnade ein Ätherstrom, vom Herzen ausgehend, zur Epiphyse hinaufströmt und von dort aus das Gehirn als geistig-ätherisches Licht durchstrahlt. Nur dadurch sind wir in der Lage, spirituelle Gedanken denken zu können. Sonst könnten wir nur Gedanken bilden, die von sinnlichen Eindrücken herrühren und an diese gebunden bleiben. Diese Tatsache weist auf den im Menschen vorhandenen «mikrokosmischen Gral» hin. Das goldene Licht des ätherisierten Blutes, welches das Haupt durchstrahlt, wurde, wenn sich jener Ätherstrom mit den Ätherkräften des Christus verbunden hatte, hellseherisch als ein das Haupt umgebender Goldglanz wahrgenommen. Er erscheint als «Heiligenschein» noch in der mittelalterlichen Malerei und wird dann zum traditionellen Zeichen der «Heiligkeit» – eine letzte Erinnerung an die Wirkung des Grales im Menschen.

Damit lösen wir uns allmählich von der durch das Wort «Gral» vorgegebenen Blickrichtung, um zu erkennen, daß wir es hier mit einem mittelalterlichen *Bild für das kosmische Christentum* aller Zeiten zu tun haben!

Der kosmische Christus, das Wesen, das seit dem alten Saturn die Schritte des Menschenwerdens liebevoll begleitet hat und nach dem Austritt der Sonne – am Ende der hyperboräischen Zeit – von der Sonnensphäre aus wirkte, war in allen echten alten Mysterien bekannt und wurde bewußt von ihnen gesucht. Dies geschah entweder unmittelbar wie in den Mysterien Hyberniens oder in Form einer Christus-Weisheit wie in den östlichen Mysterien.

Besonders Zarathustra, der Begründer der allerältesten, der urpersischen Mysterien, lehrte den Weg zu Ahura Mazdao, der großen «Sonnenaura», der Spiegelung der Christus-Sonne in der astralischen Welt; dieser Weg führte über die Reinigung des verdunkelten Astralleibes. Darin wird bereits das Streben nach einer Entwicklung der Geistselbst-Kräfte im Menschen erkennbar.

Indem wir uns auf diese Weise allmählich eine Empfindung für das zentrale Christus-Menschheits-Mysterium – wovon der Gral eine mittelalterliche Imagination darstellt– verschafft haben, wird verständlich, daß das «Ding», welches damals als «Gral» bezeichnet wurde, bei zahlreichen Völkern in imaginativer Form bekannt war.

Mit gewisser Berechtigung läßt sich sagen: In der Imagination des Grals trat innerhalb der «Wartekultur» des Westens die *Frucht aller wahren vorchristlichen Mysterien des Ostens* ans Licht! Der rote Faden, der durch alle nachatlantischen Mysterien verläuft, taucht im Mittelalter wieder auf, und zwar am Ende der Herrschaft des Zeitgeistes Raphael. Am Anfang der Raphaelzeit, im neunten Jahrhundert, fanden die historischen Parzival-Ereignisse statt. Nun, am Ende dieser Epoche, blüht alles noch einmal auf, was mit dem raphaelischen Mysterium der Genesung der Menschheit von der «Sündenkrankheit» (Amfortas) zusammenhängt.

Welch eine Zeit! Chartres erlebt seine Hochblüte, die Templer breiten sich mit ihrer segensreichen Arbeit aus, die Kultur der höfischen Minne erfährt ihren dichterischen Niederschlag in der Kunst der Troubadours, und die Katharer entfalten ihre Bewegung des «reinen Lebens». Aber auch der Widersacher steht in Gestalt der Inquisition bereit; diese wird das subtile, edle Leben vollständig vernichten.

Etwa 1230 bis 1250 nimmt das alles ein Ende. Der Mars-Erzengel übernimmt die Zeitenregentschaft, und das «finstere Mittelalter» in seinem eigentlichen Sinne beginnt. Nur starke Geister sind noch in der Lage, spirituelle Substanz in die westliche Welt hineinzutragen, zum Beispiel Thomas von Aquino mit seinem verchristlichten Aristotelismus. Die Nominalisten wie Abälard und, etwas später, Roger Bacon schaffen – inspiriert von den ahrimanischen Marsgeistern – die Grundlagen der Neuzeit mit ihrer Technik und ihrem Materialismus. Etwa 1250 erscheint ein Traktat von Roger Bacon, einem englischen Franziskanermönch, worin er ein Bild des materialistischen, exoterischen Aspekts der künftigen Bewußtseinsseelenzeit heraufbeschwört: «Man soll die Natur erforschen und experimentieren! Dann wird man ungeheure Dinge zustandebringen können. So kann ich mir vorstellen, daß dann ein Wagen entstehen wird, der sich ohne Zugtiere, mit unglaublicher Geschwindigkeit über die Erde fortbewegen wird; ein einziger Mensch sitzt darin, der drückt auf einen Hebel, und der Wagen rast davon. Ich kann mir ein Schiff vorstellen, das befährt die See mit viel größerer Geschwindigkeit, als es durch bloßes Rudern möglich wäre; ein einziger Mann bedient im Innern des Schiffes einen Hebel, und allein dadurch wird es in rasche Bewegung versetzt. Ich kann mir vorstellen, daß der Mensch wie ein Vogel durch die Luft fliegt, dadurch daß er in einem Apparat mit Flügeln, wie sie die Vögel besitzen, sitzt, den er mit Hilfe eines Mechanismus in Bewegung setzt...»

Die großen Imaginationen des Grals tauchen zwischen 1180 und 1210 bei Robert de Boron, Chrestien de Troyes und Wolfram von Eschenbach auf.

Noch keine 50 Jahre später erscheinen bereits unter dem Einfluß eines anderen Zeitgeistes und durch ahrimanische Inspiration die

«Gegenimaginationen» eines Roger Bacon. Die Zeit um 1200 bedeutete die allerletzte Möglichkeit für die Darstellung des mittelalterlichen Grals-Aspekts. Das Grals-Mysterium in seinem westlichen Gewand – es ist die Frucht der Raphael-Zeit! Danach wird es zum Gegenstand der Literaturgeschichte, um schließlich von «Schriftgelehrten» philologisch analysiert zu werden.

Doch der wahre Gral, die Imagination des kosmischen Christus-Wesens, das sich mit der Erde verbunden hat, taucht in immer wieder neuen Bildern und Formen auf. Wir sehen jetzt folgende Bewegung: Die alten Mysterien des Ostens waren Mysterien einer kosmischen Weisheit vom Werden des Menschen und der Menschheit, von den Hierarchien und der Sternenwelt. Der edelste Kern dieser alten Weisheitsmysterien wurde in der Imagination des Grals zusammengefaßt. Nun erneuert Rudolf Steiner in der Anthroposophie jene alte, zur bloßen Tradition erstarrte Mysterienweisheit. So läßt sich sein Buch *Die Geheimwissenschaft im Umriß* nach seinen eigenen Worten auch als *die moderne Wissenschaft vom Gral* bezeichnen. Im Mittelalter beriefen sich Chrestien de Troyes und Wolfram von Eschenbach auf das «große Buch vom Gral», das es ihnen ermöglichte, ihre Gralsgeschichte samt dem darin verborgenen kosmisch-astronomischen Geheimwissen zu schreiben. Die «Einleitung» zu diesem ältesten Prosaroman über den Gral* geht auf eine Überlieferung aus dem 8. Jahrhundert zurück und schildert die Vision eines aus dem irischen Christentum stammenden bretonischen Mönches im Jahre 750. In der Nacht von Gründonnerstag auf Karfreitag erwacht der Einsiedler aus dem ersten Schlummer, er hört sich dreimal beim Namen gerufen und sieht einen Menschen in klarstem Licht vor sich stehen. Es ist der «Meister der Meister». Von ihm empfängt er das Gralsbüchlein, nicht größer als sein Handteller. Darin liest er, wieder in den Tag zurückgekehrt, seine eigene Abstammung und das Schicksal der gesamten Menschheit. Er kann das Büchlein lesen dank einer Art von innerer Schau. – Am Ostersonntag findet er jedoch das Buch nicht mehr an

* «Das Buch vom Gral» in der Übersetzung von Wilhelm Rath, Stuttgart [2]1980.

der Stelle, wohin er es gelegt hat. Während er in der Kapelle betet, empfängt er den Auftrag, das Gralsbuch zu suchen: über den «großen Weg» bis zur «Kreuzung der sieben Wege», an «einem alten Schlachtfeld vorbei», wo er ein Tier finden werde, dem er folgen solle. Am Ziel dieses Weges, der dem «siebenstufigen Pfad» der christlichen Einweihung entspricht, findet er das Büchlein wieder und darf es bis zum Himmelfahrtstag behalten. Nun überträgt er den Inhalt des «kleinen» Büchleins in ein großes Buch. Es beginnt mit der Kreuzigung und «erfüllt alle Weissagungen der Propheten». Dieses zweite, «große» Buch wird dann zum Lehrbuch derjenigen, die die Parzival-Sage aufzeichneten.

Neu ist bei Wolfram von Eschenbach die Beschreibung des Parzival-Weges als eines zukünftigen Entwicklungsweges der Menschheit im Laufe der Bewußtseinsseelen-Entwicklung. Wir erwähnten bereits den aus einer anderen Quelle stammenden Hinweis, daß Parzival selbst der Stein aus der Krone Luzifers sei, der von Michael herausgeschlagen wurde. Dies ist ein Bild dafür, daß Parzival ein Sonnen-Eingeweihter war. Rudolf Steiner äußerte einmal gegenüber Walter Johannes Stein, Parzival sei einer der größten Menschheitsführer gewesen, größer noch als Zarathustra, Buddha oder Skythianos.

Gerhard von dem Borne hat in seinem Buch *Der Gral in Europa* darauf hingewiesen, daß auch die anderen europäischen Völker ihre Grals-Imaginationen besaßen. Bei den Kelten zum Beispiel ist der Gral nicht ein Becher, sondern der geheimnisvolle «Cauldron», ein Gefäß für kultische Zwecke. Das gleiche Thema behandelt Rudolf Grosse in seinem Buch über den *Silberkessel von Gundestrup*. Ebenso geheimnisvoll wie der Cauldron, von dem nicht mit Sicherheit gesagt werden kann, ob er wirklich materiell oder nur als reine Imagination existiert, ist der «Sampo» des finnischen *Kalevala*, ebenfalls eine Grals-Imagination. Wenn dort ein «Kessel» vergleichbarer Qualität verlorengeht und erst nach langen Eroberungszügen wiedergefunden wird, so bedeutet dies, daß Schau und «Besitz» der kosmischen Weisheit durch bestimmte Entwicklungen verlorengehen und von bestimmten Individualitäten mühsam aufs neue erobert werden müssen.

Der Gral in seiner Erscheinungsform als Stein beziehungsweise als Opferaltar, auf dem die Hostie ruht, tritt als Bild in vielen Varianten auf. Die Stein-Monumente der westlichen Megalith-Kultur sind in gewisser Hinsicht Zeugnisse einer materialisierten Gralsweisheit. Und die nördlichen Völker erkannten den Gral im Bilde der Mondsichel, die den nicht sichtbaren, dunklen Teil wie eine Hostie umfaßt.

Ein norwegischer Übersetzer der Gralserzählung des Chrestien de Troyes aus dem 13. Jahrhundert fügt da, wo die Rede vom Gral ist, folgenden Hinweis hinzu: «In der welschen Sprache nennt man ihn den ‹grael›; wir nennen ihn ganganda greida, das heißt die Wegzehrung für die Reisenden.» Hier wird auf den norwegischen Brauch angespielt, an Wegkreuzungen auf einem großen Stein Nahrung für die Reisenden bereitzulegen und zum Schutz mit kleinen Steinen zu bedecken. Diese Nahrung für die Wanderer, sie ist für denjenigen, der sich auf einem geistigen Weg befindet, ein Bild für die kosmische Weisheit, welche die Ätherwelt verjüngt und das Leben erhält.

Mit diesen Betrachtungen haben wir das Bild des Grals, ausgehend von den Imaginationen bestimmter Kulturen, erweitert in Richtung auf die höchsten Inhalte der alten östlichen Mysterien. In diesem Licht betrachtet, kann man die Anthroposophie von ihrem Inhalt her als die Erneuerung des Grals für das moderne Bewußtsein bezeichnen. Nicht nur die *Geheimwissenschaft*, die gesamte Anthroposophie, wie sie Rudolf Steiner in den Jahren von 1902 bis 1925 entwickelt hat, ist «Wissenschaft vom Gral». Rudolf Steiner gab dem Gral wieder eine Stätte auf der Erde. Während der Begründung der «Neuen Mysterien» der Zukunft auf der Weihnachtstagung mußte die Gralsströmung des Ostens in den kultischen Handlungen der «Grundsteinlegung» mit weiteren, anderen Geistesströmungen vereinigt werden.

DER WESTLICHE STROM. HYBERNIEN UND DAS KELTISCHE CHRISTENTUM

Die hybernischen Mysterien – «Hybernia» ist die alte Bezeichnung für Irland – sind den Weg der anderen Strömungen von der Mittelatlantis nach Zentralasien nicht mitgegangen. Dadurch stellen sie eine direkte Fortsetzung des zentralen Sonnenorakels der atlantischen Kulturen dar und hängen noch mit dem alten atlantischen Hellsehen zusammen.

Dieser westliche Mysterienstrom wurde von dem hohen atlantischen Eingeweihten Skythianos inauguriert. Vom äußersten Westen her haben sich diese Mysterien weit ostwärts bis in den Schwarzmeerraum, das Land der Skythen, verbreitet, ferner über Mitteleuropa bis nach Norditalien und in das Balkangebiet.

Über das Wesen dieser Mysterien sprach Rudolf Steiner in der Vortragsreihe, die er unter dem Titel *Mysteriengestaltungen* (GA 232) kurz vor der Weihnachtstagung gehalten hat.

In der Verborgenheit der «großen» Mysterien Hyberniens wurde der Geheimschüler durch zwei Bildsäulen – eine männliche Gestalt aus einer elastischen Substanz, mit der Sonne über sich und eine weibliche aus einer außerordentlich weichen, plastischen Substanz mit dem Mond darüber – zu inneren Erlebnissen geführt. Die Begegnung mit diesen Gestalten führte, nach langer Vorbereitung, zu intensiven inneren Bildern. Die männliche Statue rief Erlebnisse innerer Kälte und winterlicher Landschaften hervor. Es war ein Erleben im Kopfbereich, das schließlich ins Vorgeburtliche und dann weiter zurück in die kosmische Vergangenheit, zur alten Monden-, Sonnen- und Saturnentwicklung, führte. Anstelle des Hauptes der Figur erschien dem Schüler an einem gewissen Punkt seiner Entwicklung das

Wort «Wissenschaft». – Die weibliche Statue erweckte dagegen Erlebnisse innerer Wärme, sommerliche Bilder. Aus der Sphäre des Willens stiegen im Schüler Bilder der nachtodlichen Zukunft und der weiteren Weltentwicklung (Jupiter-, Venus- und Vulkanentwicklung) auf. In dieser Säule drückte sich das Wesen «Kunst» aus. Zwischen diesen Bildsäulen begegnete der Schüler schließlich dem Christus als kosmischem Wesen, das mit der gesamten Weltentwicklung verbunden ist.

Dies waren die «großen» Mysterien, groß wegen der ungeheuren Spannweite zwischen Saturn und Vulkan und der unmittelbar stattfindenden *Begegnung* mit dem Christus-Wesen. Die «kleinen» Mysterien der späteren keltischen Druideneinweihungen waren wie ein Abglanz davon. Doch auch sie dienten dem Christus, bevor er noch in Palästina erschienen war.

In den irischen, schottischen und englischen Gegenden lebte während der ersten nachatlantischen Kulturen ständig eine Urbevölkerung. In der Zeit der dritten nachatlantischen Kultur, der ägyptisch-chaldäischen, taucht sie aus dem Dunkel des Unbekannten auf als das *Megalithvolk,* das heißt das Volk der großen Steine. Wir wissen heute von einer direkten Verbindung Irlands mit dem alten Ägypten; selbst eine ägyptische Invasion der «grünen Insel» wird erwähnt. Während sich Ägypten allerhöchster Kunst beim Errichten seiner gigantischen kultischen Bauwerke bediente, blieben diese in der «Gegenkultur» Hyberniens äußerst primitiv. Das Gemeinsame dieser so unterschiedlichen Bauten liegt jedoch darin, daß sie alle dem «Weg nach innen» dienten: in Ägypten zum finsteren Allerheiligsten der Tempel, in Hybernien ins Innere der Dolmen und Hünengräber, in deren Dunkelheit die Priester, ganz von der äußeren Sonne abgeschirmt, die geistigen Sonnenwirkungen erfahren konnten.

Der ägyptische Tempel war jedoch nach den Maßen des physischen Leibes konstruiert, und der Gang ins Innere war zugleich ein Weg der Inkarnation in den eigenen Leib. Der dunkle Raum der hybernischen Dolmen führte den Priester dagegen hinaus in die geistigen Kräfte der Elemente und des Kosmos.

Daneben gab es die Steinkreise. Sie waren über ganz Westeuropa und Hybernien verbreitet, ja sogar bis nach Palästina, und dienten astronomischen Beobachtungen. Der größte ist Stonehenge in Südengland. Dank der astronomischen Orientierung läßt sich – anhand der Verschiebung des Frühlingspunktes durch den Tierkreis – die Baugeschichte dieser Monumente erhellen. So wissen wir, daß Stonehenge in drei Etappen erbaut wurde: Ungefähr um 1800 v. Chr. wurde der erste Außenkreis errichtet, ein innerer Kreis etwa 150 Jahre und das Zentrum mit den «Hufeisensteinen» ungefähr 400 Jahre später. – Die Alignements der Bretagne, kilometerlange Steinreihen, die immer höher werden und in einem Kreis mit Altar enden, haben jeweils eine eigene Orientierung nach Frühling, Herbst und Winter im Zusammenhang mit Frühjahrssaat, Ernte und Wintersaat. Dabei ist nicht exakt vom 21. März beziehungsweise dem 21.September ausgegangen worden, sondern das Kreuz ist ein wenig verschoben, entsprechend den Erfordernissen der Landwirtschaft.

Im Hintergrund dieser Megalith-Kultur standen die großen Mysterien Hyberniens. Sie sorgten für die Kontinuität der Eingeweihten, die diese Steinmonumente bauen konnten, und für die Priester, die in diesen «offenen Tempeln» Dienst taten.

Man hat sich immer wieder gefragt, wie die riesigen Steinmonumente überhaupt gebaut werden konnten. Die großen Steine von Stonehenge beispielsweise, von 10 bis zu 30 Tonnen schwer, stammen aus einer Entfernung von 800 Kilometern. Wie hat man sie überhaupt so weit transportieren können? Wir müssen annehmen, daß diese unmittelbaren Nachkommen der atlantischen Völker noch über die Naturmagie verfügten, die die Atlantier nach Rudolf Steiner in hohem Maße besaßen. Erzählungen vom Bau eines Steinkreises in einer einzigen Nacht sind letzte, legendenhafte Hinweise darauf. Die Megalith-Bauwerke, die offenen Kreise und unterirdischen Räume tragen zum Teil spiralförmige Einkerbungen aus fortlaufenden, miteinander verflochtenen Linien, die die Verbundenheit jener Urbevölkerung mit der Ätherwelt belegen. Immer wieder verdichten sich diese rhythmischen Flechtbänder zu Sonnenzeichen.

Die *keltischen Völker* kamen erst zwischen 1000 und 500 v. Chr. in diese westlichen Gebiete. Fanden sie einen leeren Raum mit verlassenen Heiligtümern vor, wie heute vermutet wird? Oder mischten sie sich mit der Urbevölkerung und konnten so problemlos die kultischen Stätten übernehmen?

Die keltischen Völker sind indogermanischer Herkunft. Wahrscheinlich kamen sie bereits während der zweiten nachatlantischen Kulturperiode, der urpersischen, nach Europa. Jedenfalls hatten sie sich zur Zeit der dritten nachatlantischen Kulturperiode bereits in Böhmen und den umliegenden Ländern angesiedelt.

Drei dieser zentraleuropäischen Völker sind sehr bekannt geworden, weil sie unsere Kulturentwicklung entscheidend beeinflußt haben. Um 1000 v. Chr. beginnen diese Völker zu wandern. Die *Dorier* ziehen südostwärts nach Griechenland, wo sie durch ihre «dorische Invasion» bekannt werden, die die eigentliche griechische Kultur zur Blüte brachte, nachdem die archaische Kultur Mykenes und der trojanische Krieg ein Ende gefunden hatten. Die *Latiner* ziehen nach Italien und begründen ihre Kultur auf den Fundamenten der etruskischen.

Die westwärts ziehenden Stämme werden als die eigentlichen *Kelten* bezeichnet. Sie verbreiten sich über Süddeutschland und die Schweiz. Die Namen der großen Flüsse in diesen Gegenden sind keltischen Ursprungs: Rhein, Neckar, Main, Lahn, Ruhr, Lippe...

Der Westen Frankreichs wird von den Carnuten (vergleiche den Ortsnamen «Chartres») eingenommen, die gälische Gruppe zieht nach Irland, und die Angehörigen der kymrischen Sprachfamilie lassen sich in England nieder. Trotz aller Sprachunterschiede bilden die Kelten Westfrankreichs, Irlands, Englands und Schottlands eine große, einheitliche Gruppe. Die zwischen diesen Gebieten liegenden Meere stellten kaum ein Hindernis für den Verkehr dar, denn man benutzte leichte, äußerst seetüchtige Boote, die mit Tierfellen bespannt waren.

Die Blüte der keltischen Kultur des Westens dauerte kaum länger als 1200 Jahre. Danach hatten diese Völker ihre historische Aufgabe erfüllt: die Ausbildung eines unmittelbar kosmisch orientierten Christentums, welches ganz unabhängig war von der historischen Entwicklung des Christentums im Rahmen der südlichen und östlichen Strömung. Es war dann gerade diese Völkergruppe der Griechen, Römer und westlichen Kelten, die bemerkenswerterweise das Christentum als erste aufgenommen und getragen hat. Auf die Rolle der Germanen werden wir im Zusammenhang mit der nördlichen Strömung eingehen.

Die keltische Kultur wurzelte in dem Prinzip der Dreiheit. Die Kelten kannten nicht den unversöhnlichen Gegensatz zwischen Schwarz und Weiß, Gut und Schlecht, Licht und Finsternis. Wichtig war für sie die Mitte, der Übergang: Morgen- und Abenddämmerung waren die spirituellsten Zeiten des Tages. Auch die vielen «Naturgottheiten», hierarchische und elementarische Wesen, traten trinitarisch gegliedert auf. Selbst die «Rätsel», die sie einander aufzugeben pflegten – als eine Art, lernend mit geistigen Wirklichkeiten umzugehen –, verliefen immer im Dreischritt. Es gab folgende Stände: die *Krieger*, aus deren Reihen die Könige gewählt wurden, die *Druiden*, Priester und Richter, und schließlich die *Barden*, die Sänger und Ärzte.

Die keltischen Völker zeichneten sich im exoterischen Leben durch eine unvorstellbare Wildheit ihrer Kämpfe aus. Und gekämpft wurde um die geringsten Kleinigkeiten. Die Iren, deren Land von alters her in vier Provinzen unterteilt war, haben während ihrer tausendjährigen Blütezeit nichts anderes getan, als sich gegenseitig auszurotten. Das Leben als solches hatte geringen Wert, der Heldentod auf dem Schlachtfeld war das allerbegehrteste Schicksal, den Kopf des besiegten Feindes mit nach Hause führen zu können, der größte Triumph. Es erfüllte die römischen Soldaten mit Entsetzen, wenn die Kelten aus ihren Wäldern angestürmt kamen, nackt und in blauer Kriegsbemalung, ihren mächtigen Schlachtruf ausstoßend, mit ihren langen Schwertern und kleinen Schilden, jeder für sich kämpfend. Die Heldenchronik der irischen Könige ist eine lange Reihe gegenseitiger Kriege, während derer die mythischen Helden vom Sonnengott Lugh durchdrungen waren. Die Krieger der Heldensagen waren Inkarnationen der keltischen Götter selber! Ohne diesen Hintergrund des Keltentums läßt sich nicht ganz begreifen, was sich heute in Nordirland abspielt: Noch immer wird das Leben aufs Spiel gesetzt, wenn es sich um einen «heroischen Kampf» handelt.

So überschwänglich sich das Leben der Kelten nach außen entfaltete, so groß war bei ihnen die Innigkeit auf dem Weg nach innen. Die göttliche Welt war überall, im Licht- und Wasserelement, in der Kälte der Finsternis und in der Glut der Sonne. Vor allem das Wasser galt als heilig – ein Brunnen, ein Fluß waren Wesen, die erlebt und verehrt wurden.

Die Druiden gaben die Anweisungen für den Ackerbau und die Viehzucht.* Sie waren die geistigen Führer, die in ihren abgeschlossenen Dolmen die geistigen Kräfte der Sonne wahrnahmen. Sie führten die «großen» hybernischen Mysterien des Altertums fort und wüßten, daß sich der große Sonnengeist anschickte, zur Erde herabzusteigen. So sahen sie, wie sich Christus der Erde näherte, und erlebten, wie sich die Ätherwelt veränderte, als er seinen Lebensgeist in sie einströmen ließ. «Christus, König der Elemente» wurde er genannt.

Der Volksgeist der Kelten war eng mit den Kräften des kosmischen Christus verbunden. Der Untergang der Keltenvölker trat schließlich ein, weil dieser Volksgeist auf seine eigene Weiterentwicklung verzichtete, um zum führenden und inaugurierenden Geist des esoterischen Christentums zu werden, wie es sich in aller Stille ab etwa 900 n.Chr. entwickelte. Diese Inspiration wirkte auch als Kraft hinter der Tatsache der Formulierung und schriftlichen Fixierung der Artus- und Gralssagen um 1200.

Doch zunächst hatten diese Keltenvölker noch eine große Aufgabe. Die in Frankreich angesiedelten Carnuten verehrten in ihrem Zentrum Chartres einen Altar mit der Aufschrift «virgini pariturae»: der

* Auf den Zusammenhang der keltischen Druiden mit den «Trudi» oder «Drotten» der nördlichen Mysterien wird im nächsten Kapitel eingegangen.

Jungfrau, die gebären wird. Auf dem Altar befand sich eine Holzstatue, die eine Jungfrau darstellte, die ein Kind trug. Sie stand bis zum Ausbruch der Französischen Revolution in der Krypta der Kathedrale. Dann wurde sie hervorgeschleift und öffentlich verbrannt.

Die letzten Jahrhunderte vor der Geburt in Palästina waren eine Zeit höchster Erwartung im geistigen Leben dieser wilden Völker. Wildheit und Frommheit – also doch eine Dualität?

Wir vergessen die dritte Gruppe, die Barden. Denn als verbindendes Element zwischen den beiden Extremen der irisch-keltischen Seele wirkte die Musik! Sie zähmte die Wildheit und erweckte Innigkeit; sie war zugleich Therapie bei Kranken. Die Druiden kannten die Heilkräfte der Kräuter, die Barden die schicksalsgestaltende Macht der Musik. Unter Harfenbegleitung sangen sie die Lieder der großen Helden. Wie die Griechen die Verse Homers rezitierten, so sangen die Barden von den Wesen der an unsere Welt grenzenden geistigen Welt und ihrem unmittelbaren Eingreifen ins Schicksal der Menschen. Die Musik war die Seele des keltischen Volkes. Auch heute noch üben seine Lieder einen eigentümlichen Zauber aus; man fühlt sich unmittelbar in die elementarische Welt versetzt.

Über die Druidenkultur ist außer dem, was Rudolf Steiner über sie mitgeteilt hat, recht wenig bekannt. Denn was heute an Überlieferungen existiert, ergibt ein verzeichnetes Bild und wirkt nicht selten eher sensationell. Nach den Mitteilungen Rudolf Steiners war es so, daß junge Menschen in Scharen zu den Zentren hinströmten, um von den Druiden geschult zu werden. Es waren dies echte Mysterienschulungen, die zwanzig Jahre oder länger dauern konnten. Die Unterweisungen wurden in rezitierender und musikalischer Form erteilt. Alles wurde über das Gedächtnis aufgenommen – nichts durfte aufgeschrieben werden. Es waren lange Jahre des meditativen Lebens, in dem in einfache Worte gefaßte Mantren immer tiefere Welten eröffneten.

Dank all dieser Eigenschaften war es möglich, daß das Christentum von den Kelten ohne besondere Maßnahmen aufgenommen werden konnte. Denn was lange schon erwartet und in der Natur als herannahend erlebt worden war – das wurde jetzt Wirklichkeit! Der Ort, wo dies geschah, war für die Kelten nicht so wichtig; Christus war ja täglich als der Herr der Elemente anwesend.

Brigid, St. Bride, ist ein einfaches Mädchen, das auf der Insel Iona beim Brunnen «in Schlaf fällt» und so die Geburt Jesu in Palästina miterlebt. Sie darf das Kind in ihren Armen wiegen und bekommt ein Stück von Marias Mantel. Erwacht und zurückgekehrt kann sie den anderen mitteilen, daß «es» geschehen ist.

Über die Christianisierung der keltischen Völker ist so gut wie nichts überliefert. Doch muß es bereits um das zweite Jahrhundert n. Chr. christliche Gemeinschaften gegeben haben, wie sich durch verschiedene (römische) kirchliche Quellen belegen läßt.

Für die liturgisch-kirchlichen Formen des irischen Christentums sollte vor allem der heilige Martin bedeutungsvoll werden. Ein Teil der Legende dieses Heiligen ist allgemein bekannt. Ein ungarischer Soldat in der Armee des Julian Apostata schenkt vor Amiens einem Bettler die Hälfte seines Mantels. Nachts erscheint ihm im Traum eine leuchtende, von Engeln umgebene Gestalt, die seinen Mantel trägt. Martin konnte nicht wissen, wer diese Lichtgestalt war; erst nachdem er die christliche Taufe empfangen hatte, wurde es ihm bewußt. Er reiste viel umher, lernte das arianische Christentum kennen, wurde Priester und schließlich Bischof von Tours, wo er zum Begründer der ersten christlichen Lebensgemeinschaft außerhalb der Stadt wurde: des «weißen Hauses». Er schuf eine eigene Liturgie, die von seinem Schüler St. Ninian nach Schottland gebracht und zur Grundlage der iro-schottischen Kirche wurde. Deshalb sind viele Kirchen, die von keltischen Christen auf dem europäischen Festland gestiftet wurden, dem heiligen Martin geweiht.

Die irisch-christliche Kirche entwickelte sich sodann auf der Grundlage dieser martinischen Liturgie völlig selbständig. Ein sprechendes Zeichen dieser Tatsache sind die irischen Sonnenkreuze. Das wichtigste neue Element waren jedoch die sogenannten «Coenobien», die christlichen Lebensgemeinschaften. Man spricht gemeinhin von den «irischen Klöstern und Mönchen», doch diese Bezeichnung ist hier eigentlich unzutreffend. Denn ein Mönch ist jemand, der in einen Orden, eine Gemeinschaft mit Regeln und Führung von oben, eingetreten ist. Solche Orden waren Bestandteil der hierarchischen römischen Kirchenstruktur. Die irischen Gemeinschaften jedoch entstanden spontan: Irgendwo, häufig an einem See, einem Fluß oder am Meeresufer – hier wird wieder die Bedeutung des Wasser-Elements sichtbar – , zog sich ein Mensch in die Einsamkeit zurück. Sobald er im Ruf der Heiligkeit stand, sammelten sich Schüler um ihn, bauten ihre Steinhütten und eine kleine Kirche; ein Steinwall noch, der das Ganze umschloß – und das «Kloster» war fertig. Man lebte von der Landwirtschaft und schrieb die heiligen Bücher ab, damit diese auch anderswo gebraucht werden konnten.

Daß diese Priester und Heiligen die direkten Nachfolger der Druiden waren, war damals für jeden an der sogenannten «Druidentonsur» erkennbar: Der vordere Teil des Hauptes war von einem Ohr zum andern kahlgeschoren. Den Rest des Haares trug man lang, bis über die Schulter herabwallend. Namentlich diese Druidentonsur weckte den Zorn der römischen Geistlichkeit, die ihre Scheiteltonsur für die wahrhaft christliche hielt.

Oft waren die Heiligen Menschen, die nun für ihre frühere kriegerische Wildheit Buße taten. So auch Columban, der in der Verbannung auf Iona die dortige Gemeinschaft begründete. Er war es, der ca. 600 n. Chr. zusammen mit anderen das Meer überquerte und die Missionsarbeit in der französischen Bretagne begründete, um dann über die Vogesen und die Schweiz bis nach Norditalien zu ziehen, wo er in Bobbio begraben liegt. St. Willibrord zog von Südengland aus über Utrecht bis nach Dänemark und Rügen. Er christianisierte die Friesen und stiftete zahlreiche dem heiligen Martin geweihte Kirchen.

Die Ausbreitung des irischen Glaubens verlief ungefähr so: Zu einem bestimmten Zeitpunkt sammelte der Führer einer Gemeinschaft zwölf Schüler um sich und zog dann mit diesen zusammen weiter, um an irgendeinem anderen Ort eine neue Gemeinschaft zu begründen. Wenn diese genügend angewachsen war, zog ein anderer

Führer zusammen mit zwölf Mitgliedern aufs neue aus. Sogar in der Nähe von Prag hat man die Reste eines solchen «Klosters» gefunden, ebenso im Vorderrheintal bei Brigels. Die großen irischen Führergestalten waren keine «Äbte» mit einem hierarchischen Rang innerhalb einer Organisation. Sie waren die «Väter» der Gemeinschaft und leiteten ihre «Familie» in geistigen Dingen.

Diese aus dem Heiligen Geist entstandenen Gemeinschaften sind der Keim einer wahren Brüderlichkeit, wie sie in der sechsten nachatlantischen Kulturperiode einst zur Blüte kommen will. «Brüderlichkeit» bedeutet im sozialen Lebensbereich nicht nur die ehrliche Verteilung ökonomischer Güter, sondern mehr noch aus dem Geist heraus entstandene Gemeinschaft – wobei das Wohl und Wehe des anderen wichtiger ist als das eigene Wohlergehen. Echte Brüderlichkeit entsteht aus dem (Heiligen) Geist.

Während Columban zum Festland übersetzte, machte Rom zum Gegenzug mobil. Der Papst sandte im Jahre 600 einen gewissen Augustinus zusammen mit 24 Mönchen nach England. In Canterbury gründeten sie das erste römische Kloster, und Augustinus wurde später der erste Bischof.

Der Kampf Roms gegen das irische Christentum dauerte von 600 bis 1200 – dann ist es tatsächlich verschwunden. Äußerlich gesehen wurde der Untergang durch zwei Faktoren bewirkt:

– die Invasionen Irlands durch die Normannen, die seit 800 alles systematisch verwüsteten;
– die vordringende Macht Roms, die die irische Kirche vor allem wegen ihrer abweichenden Festsetzung des Osterdatums sowie ihrer Weigerung, sich der römischen Autorität unterzuordnen, vernichtete.

In christlichen Zeiten vollzog sich im irisch-keltischen Volk auch eine Veränderung in der Art des Königtums der «großen Krieger». Obwohl nach wie vor mit Hingabe viel Krieg um nichts geführt wurde, entstand ein neues Ideal: der *christliche* König mit seinen *christlichen* Rittern. Dieses Ideal drückt sich im Bilde von König Artus und seiner Tafelrunde aus: Artus, die Sonne inmitten der Zwölfheit des Tierkreises. Die Artusritter waren Ritter des Schwertes. Sie wurden ausgesandt, Unrecht und Wildheit zu bekämpfen. Die «Jungfrau» – ein Bild für die reine menschliche Seele – mußte vom drohenden Drachen befreit, Unrecht mußte bestraft werden. So entwickelten die Artusritter einen strengen Ehrenkodex. Wir sehen beispielhafte Gestalten wie Galahad, den christlichsten der Ritter, der der Tafelrunde den Gral sichtbar machen konnte, Gawan oder Gauwain und schließlich Perceval oder Parzival. Die Burgen Camelot und Tintagel sind die Orte, wo sich diese Verwandlung der keltischen Kriegerschaft vollzog. Es war der höchste Wunsch des jungen Parzival, in die Ritterschaft des Königs Artus aufgenommen zu werden. So wurde er zum Ritter des Schwertes mit einer weltlich-christlichen Aufgabe. Nach langen Prüfungen sollte er schließlich zum «Ritter des Wortes» werden und als Gralskönig den westlichen Artusstrom des *Lebensgeistes* mit dem östlichen Weisheitsstrom des *Geistselbstes,* dessen Symbol der Gral ist, verbinden.

Nach 869, dem Jahr der Verbindung der beiden Ströme, tritt das esoterische Christentum in eine neue Phase ein. Die keltische Kultur, die dieses Christentum zu einer solch innigen Blüte gebracht hatte, erlosch. Andere müssen das esoterische Christentum nun durch die finsteren Zeiten des Mars-Erzengels hindurch tragen – geleitet von demselben Wesen, das zuvor der Volksgeist der keltischen Völker gewesen war.

Hiermit sind Geschichte und Aufgabe der keltisch-irischen Völker umrissen.

Bereits lange bevor die Kelten den irisch-hybernischen Raum einnahmen, während der ersten drei nachatlantischen Kulturperioden, gab es dort die hybernischen Mysterien unter der spirituellen Führung des bereits erwähnten großen Eingeweihten *Skythianos.* Von Hybernien aus wirkte Skythianos als der Träger eines kosmischen Sonnen-Christentums ostwärts durch das ganze heutige Europa. Dadurch wurde die Grundlage dafür gelegt, daß Europa einst in der Lage sein würde, das Christentum aufzunehmen. Vor allem die späteren slawischen Völker des Ostens empfingen hierdurch den tief religiösen Einschlag ihrer Seelen. Die skythischen Völker, die ursprünglich den gesamten Süden Rußlands besiedelten, wurden später zurückgedrängt in das Gebiet rund um das Schwarze Meer. Ihre Verbundenheit mit dem großen Eingeweihten des Westens gab diesem den historischen Namen Skythianos.

Über die Skythen selbst wissen wir, außer durch die griechischen Quellen, seit einigen Jahren mehr durch archäologische Grabungen in den Grabhügeln ihrer Könige. Die skythischen (thrakischen) Goldschätze mit ihren typischen stilisierten Tiermotiven sind nun in Leningrad ausgestellt. Die nomadischen Skythen wurden in der russischen Geschichte als die «königlichen Horden» bezeichnet; schon Herodot erwähnt diesen Namen. Man könnte sie aber auch wegen ihrer inneren und äußeren Verbindung mit dem Sonnengold die «goldenen Horden» nennen.

Mit den beiden Ausstrahlungs-Richtungen der westlichen Mysterien in Europa – der lange währenden vorchristlichen, die bis zum Kaukasus reichte, und der keltisch-christlichen um ca. 600 n. Chr., die viel kürzer war – haben wir diesen Mysterien-Impuls in seiner Bedeutung für Europa einigermaßen sichtbar werden lassen. Als ein großartiges Beispiel für keltisch-christliche Weisheit sei hier noch ein irisches Bardenlied aus dem 7. Jahrhundert angefügt:

Singe und klinge, meine Harfe,
Forme schaffend mein Wort.
Mein Herz lauscht dem Rauschen des Ur-Brunnens,
In meiner Seele hallt das Flüstern vom Urbeginn wider…

DER NÖRDLICHE STROM. DIE GERMANISCHEN VÖLKER

Dort wo die Mysterienströmungen des Ostens und des Westens zusammentreffen, handelt es sich um die Integration der edelsten Substanzen der geistigen Entwicklungen atlantischer und nachatlantischer Zeit. Der östliche Strom veredelt den Astralleib zum Träger der kosmischen Weisheit, der «Sophia» – ein Schritt auf dem Wege zum *Geistselbst*; der westliche Strom spiritualisiert den Ätherleib und durchdringt ihn mit Sonnenkräften – ein Schritt auf dem Wege zum *Lebensgeist.*

Mit der Betrachtung der Mysterien des Nordens treten wir in eine völlig andersartige Polarität – die zwischen Nord und Süd – ein.

Die nördlichen Mysterien sind eine Erinnerung an das alte Hyperboräa, als die Sonne noch mit der Erde verbunden war und Licht- und Wärmeäther-Wirkungen den Planeten beherrschten. Der Mensch war damals noch pflanzenhaft, sein Haupt glich einem geöffneten Kelch. Sein physischer und ätherischer Leib wurden von oben her durch die hohen Wesen der Sonne geleitet.

Die südlichen Mysterien sind eine Erinnerung an die alten lemurischen Entwicklungsvorgänge, als der Astralleib ausgestaltet wurde und sich dabei zu tief in die Physis einsenkte. Durch den Austritt des Mondes wurde diese zu tiefe Inkarnation im Übergang zur atlantischen Entwicklung wieder überwunden. Die Bacchanten und Satyrn im Gefolge des Dionysos, wie wir sie aus der griechischen Kultur kennen, waren imaginative Erinnerungen an Menschenformen der lemurischen Zeit. Der Norden dagegen wurde mit dem Bilde Apolls in Verbindung gebracht, der mit seiner Leier Gegensätzliches in Harmonie bringt.

Das Wesen der Naturkräfte nördlich des 60. Breitengrades zeigt sich in der Tatsache, daß dort die Ätheratmung (zweimal in 24 Stunden, sichtbar im Rhythmus von Ebbe und Flut) aufhört und sich die sonstigen Rhythmen verlangsamen. Etwas vom Wesen der «Dauer» – als Gegenpol zur «Zeit» – wird da Wirklichkeit: Die Zeit steht fast still.

Während Lemurien unterging, blieb in Hyperboräa eine Menschengruppe übrig, die in hohem Maße vergeistigt war und deren Seelen viel höher entwickelt waren als die der südlichen Menschen. Diese Art von Seelen inkarnierte sich, nach Rudolf Steiner, in hochentwickelten Ätherleibern und pflegte nur eine lose Verbindung mit ihren physischen Leibern; diese blieben dadurch sehr primitiv und besaßen wenig «Dichte». So blieben diese Menschen in erster Linie ätherische Wesen, deren physische Körper «irgendwo da unten» wie Marionetten intelligente Handlungen ausführten. Diese Körper waren eher pflanzenähnlich, und sie vermehrten sich auch auf Pflanzenart, so daß mehrere «Leiber» durchaus zu einem und demselben Ätherwesen gehören konnten. Diese hochentwickelten Äthermenschen waren gewissermaßen Gruppenseelen für viele Körper.

Dies alles führte dazu, daß bei späteren Völkern diese nördlichen Gegenden als ein ätherisches «Paradies» beschrieben wurden, welches von der atlantischen Sintflut verschont geblieben war.

Ihre Bewohner besaßen in hohem Maße hellsichtige Fähigkeiten in bezug auf die kosmischen Verhältnisse und Entwicklungsvorgänge. Die fortgeschrittensten Seelen, die späteren Menschheitslehrer, inkarnierten sich in der unberührten Ätherwelt dieser Gebiete. Ihr Zentrum befand sich auf einer Insel inmitten des Weißen Meeres, etwas westlich des heutigen Archangelsk. Die Weißmeerküste birgt als Überreste ihres Kultus die sogenannten «Sonnenlabyrinthe». Auf dem Fußboden der Kathedrale von Chartres gibt es einen späten Nachklang davon.

Die hyperboräischen Seelen lebten in tiefer Verborgenheit. Für die Griechen, deren Halbgötter den Weg dorthin finden mußten, um eingeweiht zu werden, war es das Land der Hesperiden und Gorgonen. In späteren Zeiten setzten diese Menschheitslehrer ihre Tätigkeit in Form von Priestergemeinschaften fort, die im Norden Skandinaviens beheimatet waren, doch in ganz Europa ihre Niederlassungen hatten. Ihre Abgesandten zogen nach Süden, um den Mysterien der dortigen Völker regelmäßig neue Inhalte zu vermitteln. Sie lebten vegetarisch und kannten keinen Streit. Diese Priester wurden *Trudi* oder *Drotten* genannt. Sie dienten den ältesten Mysterien Europas, die bei den Griechen als die eigentlichen, echten apollinischen Mysterien galten.

Die keltischen Völker Mitteleuropas empfingen in späterer Zeit ihre Sonnenweisheit von diesen Drotten-Mysterien und nannten ihre eigenen Priester «Druiden». Obwohl sie also anfangs direkte Schüler der germanischen Drotten gewesen waren, entstand bei den Kelten im Laufe der Zeit doch eine gewisse Abneigung gegen Kontakte mit den germanischen Mysterien. Denn die Germanen befanden sich in einer Entwicklung, die zu moderneren Lebensformen führte – wir kommen noch darauf zurück –, was die nach Westen ziehenden Druiden ablehnten. In Irland trafen sie dann wieder auf die Sonnenmysterien, wenngleich diese späteren, atlantischen Ursprungs und von Skythianos inauguriert waren.

Wir sehen also, wie im hohen Norden eine tief verborgene Mysteriengemeinschaft lebte, die aus der Sphäre des reinen Sonnenäthers wirkte. Die dortige Natur schenkte diese reinen Sonnenätherkräfte reichlich, und zwar auf indirektem Wege: Sie waren aus der Erde heraus wirksam – Reste des alten Hyperboräa.

Was bedeuten diese hyperboräischen Mysterien für die Entwicklung der germanischen Kultur?

Die atlantische Völkergruppe, die mit dem göttlichen Manu nach Osten zog, ließ ihre niedersten Kasten in Europa zurück; von diesen wird ein Teil, die germanischen Stämme, nach Skandinavien in das Gebiet der beschriebenen Drottenmysterien dirigiert.

Der Untergang der Atlantis, ausgelöst von den Turaniern, beruhte auf der mißbräuchlichen Anwendung der eigenen Ätherkräfte; die

Folge waren Naturkatastrophen und Degenerationen im menschlichen Organismus. Die hyperboräische Äther-Atmosphäre sollte diese degenerierten Kräfte nun wieder gesunden. Eine Maßnahme der Mysterienführung, die diesem Ziele diente, bestand in der Regulierung der Vorgänge der Fortpflanzung und der Vererbung. So fand die Befruchtung während der Frühjahrsmysterien des Gottes Nerthus statt, der selbst als männlich-weibliches Wesen erlebt wurde. Der Vorgang vollzog sich in der tiefen Unbewußtheit einer Art kultischen Schlafes. Die Kinder wurden dann in der Weihnachtszeit, während der zwölf heiligen Nächte geboren. Wer in dieser Zeit geboren wurde, war «wohlgeboren». Der Erstgeborene der Nacht nach dem 24. Dezember wurde in den Mysterien erzogen, bis er in der Lage war, in seinem 30. bis 33. Lebensjahr «König» seines Stammes zu werden. Wer außerhalb der Weihnachtszeit geboren wurde, der war ein «Kind der Schande», das heißt der persönlichen Willkür im Fortpflanzungsbereich. Jedesmal, wenn ein Stamm auf diese Weise ausreichend «veredelt» war, wurde er nach Rußland oder Norddeutschland gesandt.

Es soll doch auf wenigstens einige Facetten der germanischen Völkerentwicklung hingewiesen werden. Sie sind alle enthalten im Bilde Odins (Wotans) und der Einweihungen, die dieser als der zentrale gottgleiche Führer der germanischen Entwicklung zusammen mit seinen Völkern durchmachen muß. Odin gehört zu den Asen, dem jüngeren germanischen Göttergeschlecht. Die Wanen waren die älteren Götter und gehörten früheren Entwicklungsphasen an. Sie verliehen die alten hellseherischen Fähigkeiten. Nerthus oder Njord, der oben erwähnte Gott, der die Fortpflanzung regelte, war ein Wanengott, der im Unbewußten wirkte. (Ein Gott ist in diesem Zusammenhang ein hierarchisches Wesen im Rang eines Engels oder darüber.) Die Wanen und Asen sprachen zu den Menschen auf dem Wege der Inkorporation bei Priestern und in späteren Zeiten auch durch die «Könige», die Führer des jeweiligen Volkes.

Die erste Prüfung Odins ist die *Kreuzigung*. Neun Tage und neun Nächte hängt er an einem im Winde schwankenden Baum. Der göttliche Lehrer der Menschen mußte sich mehr mit seinem physischen Leib verbinden, als es in alten Zeiten üblich war. Dieser Vorgang wird als eine schmerzvolle Kreuzigung erlebt. Während sein Körper leidet, kann er Schüler des weisen Mimir werden, der ihn die Fähigkeit des Sprechens und die Sprache lehrt – selbst die Atlantier kannten noch keine Sprache, sondern verständigten sich durch Naturlaute. Der erste Schritt in der «Erziehung» der germanischen Völker war also die Entwicklung der Sprache.

Odins zweite Prüfung ist der *Raub des Skalden-Met.* Met war der vergorene Trank der Götter. Wanen und Asen spucken als Zeichen ihres Friedensschlusses miteinander in das gleiche Faß. Daraus wird ein Wesen geboren, Kvasir («der Flüsterer»), der die gesamte Weisheit aller Götter (Hierarchien) besitzt. Er wird von neidischen Zwergen ermordet und sein Blut durch Hinzufügen von Honig zum Gären gebracht. Dieser spätere Skaldentrank, Odrörir, der Met der Dichter, der die göttlichen Formkräfte in sich birgt, wird den Zwergen wiederum durch einen Riesen geraubt, in einem Berg eingeschlossen und von einer Jungfrau bewacht. Es gelingt Odin, sich Zugang zu ihr zu verschaffen, indem er sich in eine Schlange verwandelt. Drei Nächte ist er mit der Jungfrau zusammen, und dreimal darf er einen Schluck von dem Trank nehmen. Er trinkt die drei Fässer Met leer und fliegt sodann in Gestalt eines Adlers davon. Bei den Asen angekommen, speit er den Trank wieder aus. Von ihm trinken seitdem die Asen sowie alle Dichter und Sänger; sie empfangen dadurch die magische Kraft des Gesanges, denn das Lied barg noch Zauberkräfte in sich. Beispiele dieser Magie finden wir beim griechischen Orpheus und bei Wäinämöinen im finnischen Epos *Kalevala.*

Diese Geschichte birgt eine tiefe Bedeutung: Die göttlichen Ätherlebenskräfte des Trankes, symbolisiert im Bilde des Speichels, sind vergoren, das heißt verirdischt. Die Zwerge sind ahrimanische Wesen, und wir verdanken Ahriman, Rudolf Steiner zufolge, unsere Sprachfähigkeit. Ahriman hat die am meisten verfeinerten ätherisch-pflanzlichen Fortpflanzungskräfte aus der hyperboräischen Zeit zum physischen Gebilde des Kehlkopfes verhärtet, welcher nun in der

Luft Formen schafft. Odin erleidet durch den Raub dieser «vergorenen» Substanz eine gewisse Verhärtung seines physischen Leibes, gleichzeitig kann er jedoch nun über die schaffenden Kräfte der Sprache gebieten, die «magisch» wirken im Bereich der Luft. Odin wird dadurch zum Lehrer der Skalden, der Dichter-Sänger, die mit den keltischen Barden vergleichbar sind.

Als dritte Prüfung auf dem Wege des Irdisch-Werdens muß Odin sein *Auge an Mimirs Brunnen* zurücklassen, um sich die Runenschrift aneignen zu können. Das Festhalten des gesprochenen Wortes durch die Schrift ist ein weiteres Stadium der Intellektualisierung. Das hier gemeinte Auge ist das sogenannte dritte Auge oder «Scheitelauge», ein Wärmesinnesorgan, das in der Atlantis zur Orientierung diente und später zum Sitz der hellseherischen Fähigkeiten wurde. Gerade die Runenschrift der Germanen war es, die von den Druiden der keltischen Völker später abgelehnt wurde. Im zweiten Jahrhundert n. Chr. entwickelten sie eine eigene Schrift, das sogenannten «Ogham-Alphabet», vermutlich in Abwehr der lateinischen Schrift, die jetzt auf sie zukam. Der Ase Odin hat also die Aufgabe, die germanischen Stämme auf ihre zukünftige Kulturaufgabe vorzubereiten. Das ältere Geschlecht der Wanen dagegen will die Menschen im alten Hellsehen festhalten.

Das sind Bilder, an denen deutlich wird, worauf Rudolf Steiner wiederholt hingewiesen hat: Menschheitsentwicklung bedeutet gleichermaßen Mit-Entwicklung der Hierarchien. In Odin, so enthüllt Rudolf Steiner, verehrten die Germanen ein Wesen aus der Merkursphäre, in welchem wir den «Bodhisattva» der damaligen Zeit sehen müssen. Durch sein Opfer des Irdischwerdens kann dieses Wesen die germanischen Völker auf ihrem weiteren Inkarnationsweg begleiten. Sprache, Gesang und Schrift werden von ihm erobert und dadurch den Völkern, die auf ihre Aufgabe in der Bewußtseinsseelenzeit vorbereitet werden müssen, verfügbar. Der nächste Bodhisattva, der Maitreya-Buddha, der seine Buddha-Inkarnation in unserer heutigen Zeit vorbereitet, wird der «Bringer des Guten durch das gesprochene Wort» (Rudolf Steiner) sein und die Menschen auf dem Weg über das

Wort zu Christus führen. Dadurch wird das Wort wieder befreit werden aus seiner Verhaftung an die dichte Stofflichkeit und der Kehlkopf als Organ eine Metamorphose durchmachen.

An der beschriebenen erzieherischen Mission macht der Bodhisattva Odin eine Entwicklung durch, die ihn in die Lage versetzt, ungefähr 600 v. Chr. als der Gautama Buddha seine Lehre des Mitleids in das Volk mit der ältesten nachatlantischen Tradition einfließen zu lassen, welches gerade zu diesem Zeitpunkt Gefahr lief, in Erstarrung zu verfallen. Danach schenkte der Buddha seinen Ätherleib dem nathanischen Jesuskind – einen Ätherleib also, der in den Mysterien Hyperboräas geläutert war.

Auf eine mehr exoterisch verlaufende Entwicklung muß noch hingewiesen werden. Sie betrifft jene oben erwähnten Mutkräfte, die so charakteristisch sind für das Wesen der Germanen.

Bis jetzt haben wir die Welt der Mysterienführer betrachtet. Nun richten wir den Blick auf die germanischen Völker selbst. In der Anfangsphase des beschriebenen «Erziehungsprozesses», nach den Degenerierungen der atlantischen Zeit mußten die Germanen aufs neue eine Art Kindheitsstufe durchmachen. Alle Weisheit wurde ihnen vorenthalten. Dagegen wurde der Wille entwickelt, das heißt das im Willen wirksame *Ich*. Diese Ich-Kräfte im Willen erhielten eine Hinwendung zur Erde – Rudolf Steiner sprach darum in diesem Zusammenhang von den «Mysterien der Erde».

Der Ase Heimdall, der weise Wächter an der Regenbogenbrücke zwischen der Erde und der geistigen Welt, bewirkt einen Veredelungsprozeß in drei Stufen: Er begibt sich auf die Reise und wohnt jeweils drei Tage und Nächte «bei den Menschen». Aus dem ersten Besuch entspringt ein Kind, das noch eine Karikatur ist und als «Knecht» bezeichnet wird. Später, nach seinem zweiten Besuch, wird ein Mensch geboren, der schon viel gesünder ist. Er wird der Stammvater der Bauern. Und nach seinem dritten Besuch entsteht ein prächtiger Mensch; «König» wird er genannt. Er ist fähig, die Runenkunst zu empfangen und selbst Recht zu sprechen. Die drei Besuche bezeichnen drei Phasen der Entwicklung, den ersten drei nachatlantischen Kulturperioden vergleichbar. Die Germanen, die von den Griechen und Römern angetroffen wurden, waren bereits «Königskinder» der vierten nachatlantischen Zeit.

Die Entwicklung verlangte ein Erwachen des Ich in den noch ganz unzivilisierten ätherisch-astralen Kräften, die sich im Menschen zuerst einmal als ungezähmte Naturkräfte offenbarten und durch das Ich noch gezügelt werden mußten. Das geschah, indem diese Energien in Richtung der Entwicklung von *Tapferkeit* gelenkt wurden, einer Fähigkeit, die Rudolf Steiner mit dem Wort «Starkmut» charakterisierte. Ihm zufolge entsteht Starkmut da, wo eine Fülle, ein Überschuß von Lebenskräften entsteht, die weggeschenkt werden können, das heißt da, wo mehr Lebenskräfte entwickelt werden, als man für das eigene Leben benötigt. Der Germane gab dieses Mehr an Lebenskräften weg, weil er aus seinem Ich heraus den Impuls hatte, es «überfließen» zu lassen, es schenkend hinzugeben.

«Mit nichts war der alte europäische Norden verschwenderischer als mit seinem moralischen Überfluß, mit seiner Tüchtigkeit, seiner Tauglichkeit, Lebensimpulse in den physischen Plan hinausströmen zu lassen. Es war wirklich so, wie wenn die Menschen der europäischen Urzeit, jeder einzelne, mitbekommen hätten eine ganz bestimmte Fülle von Kraft, die mehr bedeutete, als der Mensch für seinen persönlichen Gebrauch bedurfte, von der er ausströmen hat können, mit der er verschwenderisch hat sein können, die er hat verwenden können zu seinen kriegerischen Taten, zu den Taten jener uralten Tugend, welcher die neuere Zeit unter den Untugenden zu nennenden menschlichen Eigenschaften einen Platz gegeben hat; die er verwendet hat zum Beispiel zu dem, was man bezeichnet hat als Großmut» (Vortrag vom 28. Mai 1912 in Norrköping, GA 155). Tapferkeit, Geistesgegenwart, Großmut – das waren Kräfte, die in den germanischen Mysterien entwickelt wurden.

In den Externsteinen bei Paderborn – einem alten, dem Odin geweihten Zentralheiligtum – findet man heute noch die Befestigungslöcher der sogenannten «schwankenden Brücke», einer in 40 m Höhe über der Erde zwischen zwei Felsblöcken hängenden Strickleiterbrücke, die während der Einweihung ohne Anflug von Furcht oder Schwindelgefühlen überschritten werden mußte. Einige Kilometer von den Externsteinen entfernt findet man das Oval, in dem die heiligen Wagenrennen stattfanden. Dabei ging es auch nicht gerade sanft zu. Doch das gehörte dazu. Denn jeder Germane war ein «Königssohn» und mußte das beweisen.

Die germanischen Stämme trennten sich in frühchristlicher Zeit in zwei Gruppen. Die eine, Goten und Alanen, war bereits einige Jahre vor der Zeitenwende nach Rußland ausgesandt worden. Im Laufe der nächsten Jahrhunderte zogen sie stets weiter ostwärts, am Schwarzen Meer vorbei und weiter. Ihre Züge führten bis in den Norden Kleinasiens, von wo auch Gefangene mitgebracht wurden, unter denen sich oft Mitglieder urchristlicher Gemeinden befanden. So wurden die Angehörigen dieser Stämme schließlich selber Christen. Die Mutter des späteren Gotenbischofs Wulfila war eine Christin aus einer urchristlichen Gemeinde in Kleinasien. Die West- und Ostgoten wurden von den Mongolenvölkern wieder zurückgedrängt und zogen sich hinter die Donau zurück; die Ostgoten besetzten eine Zeitlang Griechenland und zogen unter Theoderich dem Großen am adriatischen Meer entlang bis nach Norditalien, wo Theoderich in Ravenna und Verona nach langen Kämpfen sein ostgotisches Reich auf dem Fundament des arianischen Christentums – im Gegensatz zum athanasianischen Christentum der römischen Christenheit stehend – stiftete. Dreißig Jahre lang gelang es ihm, Frieden zu bewahren, eine für diese Zeit unerhörte Leistung. – Die Westgoten zogen über Frankreich nach Spanien, wo sie ein eigenes Reich begründeten. In all diesen Vorgängen artikuliert sich der eine der beiden germanischen Ströme: Er verläuft um die Zeitenwende von Ost nach West und ist seiner Natur nach *christlich*.

Die zweite Strömung verläuft von Norden nach Süden. Sie nimmt ihren Ausgang direkt in Skandinavien und setzt schon in vorchristlichen Zeiten ein (Externsteine); die Bewegung wiederholt sich aber während der ersten christlichen Jahrhunderte. Dieser Strom war *heidnisch*, das heißt Träger der alt-germanischen Mysterien. Vor allem die Sachsen hielten an ihrem alten Glauben fest. Ein selbstverständliches Aufnehmen des Christentums, wie wir es bei den Kelten sahen, kennen diese Völker nicht. Doch bei den Kelten hatte dies auch das Opfer ihres eigenen Volk-Seins bedeutet; die Germanen dagegen bildeten noch immer eine «Wartekultur». Die Zeit für ihre geistige Aufgabe ist erst mit der beginnenden Bewußtseinsseelen-Epoche gekommen.

Eine besondere Rolle beim Zustandekommen Europas in der Bewußtseinsseelenzeit fiel den seefahrenden Germanenvölkern zu, den Wikingern. Seit dem 8. Jahrhundert suchten die Wikinger Europa immer wieder heim. Sie überfielen die Küsten Englands, Irlands und Frankreichs. Aus dem Blickwinkel der äußeren Geschichtsbetrachtung wird dies zumeist negativ bewertet, als Beweis nämlich für die unkultivierte Grausamkeit der nordischen Völker. Betrachtet man diese Ereignisse von einem höheren Standpunkt aus, so kann einem auffallen, daß durch dieses Auftreten der nördlichen seefahrenden Germanen zum Beispiel das keltische Volk, welches seine geistige Aufgabe erfüllt hatte, davor bewahrt wurde, seine alte Weisheit auf luziferische Weise festzuhalten. Schließlich überträgt der französische König den Normannen ein Territorium, wo sie sich ansiedeln dürfen, das Gebiet der heutigen Normandie. Von hier aus erobert der Wikinger-Enkel Wilhelm der «Eroberer» im Jahre 1066 England und schafft dort mit harter Hand Ordnung. Die normannischen Könige haben England zu einem Land geschmiedet, das die Bewußtseinsseele tragen konnte. Dafür war es auch notwendig, daß durch Jeanne d'Arc die Verbindung mit Frankreich zerschnitten wurde.

Das normannische Reich von Sizilien war unter Friedrich II. von Hohenstaufen eine Pflegestätte der modernen Wissenschaft. Durch sie wurde mitgebaut an den Widerständen, die eine notwendige Bedingung für die Entwicklung eines neuen spirituellen Mysterienwissens darstellen.

Die Mysterien des Nordens erwachen aufs neue, als Michael im Übergang des neunzehnten zum zwanzigsten Jahrhundert Zeitgeist wird. Sie kennen in diesem Zusammenhang eine eigene Weissagung:

Wenn in der Götterdämmerung alle Götter untergehen, bleibt doch ein einziger Ase übrig: *Widar,* der Sohn Odins. In der Gestalt Widars, des letzten, wartenden, schweigsamen Asen, der mit Hilfe der Überschußkräfte der Menschen den ahrimanischen Fenriswolf überwunden hat, wird auf die ganz wesentliche Rolle hingewiesen, die Europa im Zeitalter der Bewußtseinsseele spielen wird. Jetzt erst erwacht Europa aus seiner viele Tausende von Jahren dauernden «Kindheit» zu seiner eigentlichen selbständigen «Erwachsenen-Mission».

«Aufgabe» ist ein recht abstrakter Begriff. In der Anthroposophie werden abstrakte Begriffe zu handelnden Wesen. Sie werden, im wahrsten Sinne des Wortes, wesentlich. So hat Widar (ein Erzengel aus der Merkursphäre) die «Aufgabe», der heutigen Menschheit zu helfen, so daß sie heilend in das wirtschaftliche Leben einzugreifen vermag und anstatt des Prinzips des Egoismus («jeder für sich selbst») die Brüderlichkeit oder, mit einem moderneren Wort, die Solidarität aller Menschen auf materiell-ökonomischem Gebiet verwirklichen kann. Diese Solidarität ist die physische Grundlage einer künftigen Kultur des Geistselbstes.

Jeder Mensch kann selbständig an der Entwicklung von Geistselbst-Kräften in der eigenen Seele arbeiten. Eine *Kultur* des Geistselbstes jedoch kann nur getragen werden von vielen, die diese Kräfte durch ihr Handeln bis in die soziale Realität hinein erweitern wollen.

«Gemeinsam handeln», wobei der Akzent auf «gemeinsam» liegt – in dieser Losung liegt der Keim einer Kultur des Geistselbstes. Wenn dabei mehr Wille eingesetzt wird, als für das Erreichen eines Resultates notwendig wäre – zum Beispiel dadurch, daß die Aufgabe mit Begeisterung erfüllt wird –, so entstehen Überschußkräfte, und der Fenriswolf der Edda kann überwunden werden. *Widar* ist die helfende Kraft aus dem nördlichen Entwicklungsstrom, die zur Solidarität, zum «Handeln in Gemeinsamkeit» impulsiert.

Michael, der Zeitgeist von heute, ist die helfende Macht, die jene Überschußkräfte verwendet, um die Herzen der Menschen mit dem Christus zu verbinden und eine Kultur des Geistselbstes zu schaffen, die gleichzeitig eine wahrhaft christliche Kultur ist.

DER SÜDLICHE STROM. DAS MYSTERIUM VON TOD UND AUFERSTEHUNG

In dem Vortrag, den Rudolf Steiner am 21. Dezember 1919 gehalten hat (jetzt in *Weltsylvester und Neujahrsgedanken,* GA 195), weist er darauf hin, daß im öffentlichen Leben Europas in veräußerlichten Formen drei große Mysterienströme nachwirken. Er bezeichnet sie als die Mysterien des Lichtes, des Menschen und der Erde.

Die *Mysterien des Lichtes* beziehungsweise der *Weisheit* sind die nachatlantischen östlichen Mysterien, die von Indien aus über Persien, Chaldäa und Griechenland nach Europa gekommen sind. Diese Strömung ist, soweit sie nicht als Gralsströmung verchristlicht wurde, durch Ahriman abgefangen und von ihm für seine eigenen Ziele genutzt worden. Es sind «hierarchische» Mysterien, die im sozialen Leben Europas zum Feudalismus und später zur Illusion der modernen Wissenschaften geführt haben.

Die zweite große Mysterienströmung, die sich heute in unserer Kultur auswirkt, ist der soeben dargestellte nördliche Strom, die *Mysterien der Erde.* Diese Strömung wirkt, so Rudolf Steiner, aus den Kräften der Erde heraus, von unten nach oben – im Gegensatz zum östlichen Strom, der von oben nach unten wirkt. Er wurde zur Grundlage unseres Wirtschaftslebens und damit zu einem bestimmenden Fundament der Bewußtseinsseelenkultur. Doch dieses Wirtschaftsleben beruht nicht auf Brüderlichkeit, nicht auf dem Handeln aus dem (Heiligen) Geist. Der «unheilige Geist», ein Geist des gröbsten Egoismus, der das Ich auslöscht, hat sich in unserem Kulturleben damit verbunden. Dieser Geist wirkt in uns allen. Rudolf Steiner weist darauf hin, daß wir es bei diesem Mysterienstrom mit den Asuras als Gegnern zu tun haben. Diese Widersachermacht ist der echte Antichrist, der die Ich-Entwicklung der Menschheit zunichte machen will; wir werden weiter unten noch genauer darauf eingehen. Es hilft nichts, wenn wir mahnend den Finger erheben ob der Schlechtigkeit der heutigen Wirtschaftskonzerne und dabei selbst die Sicherheit eines wertbeständigen Lohnes verlangen – man verstrickt sich dabei gefühlsmäßig nur umso tiefer in die Abgründe der Asuras. Denn je mehr wir Menschen uns über im Grunde beschränkte Dinge aufregen, desto mehr können sie im Großen ihre zerstörerische Macht entfalten. Sie sind allein dadurch zu überwinden, daß wir uns mit der Liebeskraft des ätherischen Christus durchdringen, mit einem Mit-Leiden mit allen Unterdrückten, bis das Leid anderer zum eigenen Leid wird.

Die dritte Strömung ist der aus dem Süden kommende Mysterienstrom, die *Mysterien des Menschen* und seiner irdischen, physischen Inkarnationsform. Sie stammen aus dem alten Lemurien und kommen über Ägypten und Rom nach Europa. Sie haben zur Entwicklung unseres Rechtslebens und der europäischen bürgerlichen Kultur mit ihren Rechtsstrukturen geführt. Luzifer hat sich dieser Strömung bemächtigt und ihr die Selbstsucht eingepflanzt.

Durch diese Strömung hat sich, so Rudolf Steiner, auch das Christentum zu jener großen juristischen Institution entwickelt, «die man römisch-katholische Religion nennt. Da ist der Gott mit seinen Nebengöttern durchaus ein Wesen, das nach römischen Rechtsbegriffen, nur in der übersinnlichen Welt, *richtet*; da stecken die Begriffe von Sünde und Schuld, die eigentlich juristische Begriffe sind, die nicht in den Mysterien des Orients und in der griechischen Lebensanschauung waren, da stecken die juristischen Begriffe des Römertums darinnen. Das ist eine durch und durch verjuristete religiöse Strömung. Alles das, was sich im Leben äußert, kann auch Schönheitsformen annehmen. Und wenn wir jene juristisch-politische Szene, in der der Weltengott zum Weltenrichter wird und die ganze Erdenentwickelung abgeschlossen wird durch eine juristische Tat, wenn wir das schön verklärt in der Sixtinischen Kapelle von Michelangelo gemalt sehen, so ist das der gloriose Ausdruck des *verjuristeten* Christentums; aber eben des ‹verjuristeten› Christentums, das seine Krönung im Weltgerichte findet …» (ebenda).

Will man ein Gebiet nennen, auf welchem der Protestantismus völlig mit dem juristisch geprägten Glauben der römischen Kirche übereinstimmt, so ist das seine «Buchführung» über Gut und Böse.

Der Karmabegriff, wie ihn Rudolf Steiner in seiner christlichen Dimension erschlossen hat, basiert nicht auf dem Prinzip der «Abrechnung», sondern auf dem der *Entwicklung*. Durch das Negative wird Entwicklung erst möglich! Das Gute bedeutet für die Person selber einen Endpunkt; es wird der Gemeinschaft geschenkt und ist dort in der Entwicklung anderer wirksam. Christus hatte die Sünder lieb – Jahwe strafte sie!

Diese drei beschriebenen Mysterienströmungen sind in ihren negativen Auswirkungen unterschwellig in unserer exoterischen Kultur wirksam. Der vierte Strom, den wir oben als den westlichen bereits beschrieben haben, wird in dem angeführten Vortrag, der sich mit den *heute* wirksamen chaotischen Kräften befaßt, nicht genannt. Der westliche, keltische Mysterienstrom hat seine Eigenexistenz bereits aufgeopfert, indem der keltische Volksgeist zum Führer des im Verborgenen wirksamen esoterischen Christentums geworden ist. Da ist der Impuls der Sorge für den anderen, die größer ist als die für das eigene Volk, bereits Wirklichkeit geworden. Darum ist dieser Geist nicht mehr in der äußeren Kultur aktiv, sondern führt die Seelen derer, die den Christus suchen, zu den Stätten, wo sie ihn finden können.

Auch die anderen Strömungen werden sich in der Zukunft entsprechend opfern müssen.

Nun wollen wir jedoch den südlichen Mysterienstrom betrachten, der das eigentliche Thema dieses Kapitels bildet. Es ist eine Strömung, die mit den Geheimnissen unseres physischen Leibes zusammenhängt, des ältesten, am allerweitesten ausgebildeten Teils unserer Existenz. An ihm gemessen gleicht unser Ich einem Neugeborenen!

Der «dreimal große Hermes», der Inspirator der ägyptischen Kultur, offenbarte den Ägyptern die Geheimnisse des physischen Leibes, des Tempels, der Seele und Geist Wohnung gibt. So war der ägyptische Tempel nach den Maßen des menschlichen Leibes gebaut. Von Salomo wird gesagt, er habe den Tempel zu konzipieren vermocht, weil er die gesamte ägyptische Einweihungsweisheit besaß. Diese war von Moses nach Palästina mitgebracht worden.

Der physische Leib galt den Ägyptern als ein Kunstwerk, an dessen Entstehung alle Götter (Hierarchien) mitgewirkt hatten und das darum nicht verlorengehen durfte. Außerdem war der Erhalt des physischen Leibes Verstorbener eine Notwendigkeit im Hinblick auf ihr weiteres Dasein im geistigen Bereich. Die Mumienkultur bildete zudem die Grundlage für die Eroberung der Materie während der Bewußtseinsseelenzeit: im *negativen* Sinne als Materialismus, im *positiven* als Schritt auf dem Weg, die Materie durch die Auferstehungskräfte zu erlösen. Damit berühren wir das zentrale Problem der südlichen Mysterien. Sie sind die Mysterien des Todes der Materie und des Auferstehungsleibes; der Geheimnisse des materiell verdichteten physischen Leibes und der Erlösung des Geistig-Physischen aus der Fesselung an die Materie. Um diese tiefste Aufgabe der «Mysterien des (physischen) Menschen» vor einem erweiterten Horizont sehen zu können, ist zuerst eine Zwischenbetrachtung notwendig.

Viele von uns sind mit einer gewissen Abscheu vor dem Brudermord Kains an Abel aufgewachsen. Im Sinne des «Abrechnungsprinzips» in geistigen Dingen müßte folglich Kain gehörig für seine Missetat büßen. Da erstaunt es, wenn wir nun aus irischen Mythen hören, daß der erste Besucher Irlands in atlantischen Zeiten *Abel war, zusammen mit drei Töchtern Kains!* Diese Freundschaft paßt gar nicht in unser juristisches Konzept!

Welches Mysterium verbirgt sich hinter dem Ur-Brudermord? Kain war der Sohn Evas, der «Erdenmutter», und eines der Sonnen-Elohim, eines Geistes der Form, das heißt, er war ein Repräsentant der Menschengruppe im hohen Norden, die den Sündenfall der lemurischen Zeit, den Abstieg in die physische Materie, nicht mitgemacht hatte.

Nach dem Übergang von der Lemuris zur Atlantis sind Adam und Eva das erste Menschenpaar, das sich wieder auf der leeren Erde inkarniert. Ihr Sohn Abel ist also ein Kind Jahwes, des Monden-Elohim, der jetzt die Entwicklung regiert und unter anderem die Kräfte der Vererbung verwaltet. Beide, Kain und Abel, bringen Jahwe ihre Opfer dar. Dieser nimmt das Opfer seines Sohnes Abel an, nicht jedoch das des «Fremdlings» Kain. Nun kommt der Augenblick, in dem Kain *seinen* Sündenfall durchmacht. Er tötet Abel und verbindet sich dadurch «in Schuld» mit der Erde.

Der Sohn der Sonne, der sich – als Priester der Sonnenmysterien – bis dahin «nach oben» gerichtet hatte, wendet sich jetzt der Erde zu mit der Aufgabe, die Finsternis der materiellen Welt mit Sonnenkräften zu durchdringen und dadurch die Möglichkeit zu schaffen, daß sich die Erde dereinst wieder vergeistigen kann, wenn sie in das Jupiterstadium übergehen soll.

Beim Adam-Eva-Abel-Geschlecht wurde in der lemurischen Zeit der Sündenfall von außen vollzogen. Sündenfall bedeutet hier, daß der Astralleib – es gab in der lemurischen Zeit noch kein individuelles Ich – mit dem physischen Leib verbunden wurde. Dadurch entstanden «Erdenwesen», die dann weiter von Jahwe, dem Monden-Elohim, geführt wurden, dem Impulsator dieses Entwicklungsschritts.

Kain dagegen, als hyperboräischer Mensch bereits mit Ich-Kraft begabt, vollzieht seinen «Sündenfall», das heißt seine Verbindung mit dem physischen Leib selbst. Man kann die Tötung Abels als ein imaginatives Bild für ein in aller Stille vollzogenes kultisches Mysterienopfer ansehen.

So zeigt sich, daß sowohl Kain als auch Abel Repräsentanten der südlichen Mysterien sind, die mit dem Abstieg in den physischen Leib zusammenhängen. Sie gehen getrennte Wege, werden sich jedoch einst miteinander verbinden. Einst wird sich Abel mit den Töchtern Kains vermählen und so ein neues, friedliebendes Geschlecht hervorbringen. In den hybernischen Mysterien wurde dies vorausschauend erkannt.

Durch seine Tat hat sich Kain gleichzeitig vom nördlichen Mysterienstrom distanziert. Die Kainssöhne und Kainstöchter gehen als Sonnenmenschen einen Weg, der dem der «Trudi» des hohen Nordens diametral entgegengesetzt ist. Letztere blieben «frei von Schuld». Auch hier muß auf die Dauer eine Wiedervereinigung stattfinden. Der Bodhisattva Odin zeigt durch seinen Leidensweg, wie er die Völker des Nordens in drei Einweihungsschritten mit der Erde verbinden mußte, damit diese ihre Mission erfüllen können. Die Kainsmenschen haben sich die Aufgabe gesetzt, die Erdenmaterie durch ihre Hände gehen zu lassen, sie mit ihren Sonnenkräften zu veredeln und so zur Auferstehung zu führen.

Kain hatte viele «Söhne», das heißt Schüler seiner Mysterienschule. Jeder von ihnen ist der «Erzvater» eines Handwerks, beispielsweise der Schmiedekunst, der Landwirtschaft, der Baukunst; so war Tubal-Kain der Meister der Metallbearbeitung und der Baukunst. Kain und seine Söhne finden, in der imaginativen Sprache der Mysterien ausgedrückt, ihre Wohnstatt im Mittelpunkt der Erde, von wo aus sie auf ihre «Nachkommen» einwirken. Abels Stelle wird von Seth eingenommen. Er setzt die Tradition Abels fort; seine Söhne, das heißt seine Schüler in den Mondenmysterien, sind Hirten und Priester.

Um ungefähr 1000 v. Chr. war König Salomo der höchste «Abelit» seiner Zeit. Er trug in sich die gesamte kosmische Weisheit der ägyptischen Mysterien. So war er in der Lage, den Tempel zu entwerfen, das heißt, er kannte die kosmischen Geheimnisse des physischen Leibes; er kannte auch die göttlichen Maßverhältnisse und die Geheimnisse der «Bundeslade», eines weiteren Symbols für die geheimen mathematisch-geometrischen Hintergründe des menschlichen Leibes. Doch er konnte den Tempel nicht selbst erbauen. Dazu brauchte er die Handwerkskunst eines Kainiten. In Hiram, dem Baumeister, einem Nachkommen Tubal-Kains, fand er ihn. Aus dieser Begegnung von Abel- und Kainslinie konnte der Tempel nun gebaut werden.

Es findet nun eine umgekehrte Kains-Tragödie statt. Es ist hier nicht der Ort, die sogenannte «Tempellegende» ausführlich zu referieren (siehe hierzu Rudolf Steiner in *Die Tempellegende* GA 93); entscheidend ist, daß Hiram zwar den Tempel erbaut, doch beim letzten Akt, dem Gießen des «ehernen Meeres», einer großen Schale aus einer Legierung von sieben Metallen, die für den Vorhof des Tempels bestimmt war, kommt es mit Wissen Salomos zu einem Verrat, und der Guß mißlingt.

Der sterbende Hiram steigt hinab zum Mittelpunkt der Erde und begegnet dort seinem Ur-Vater Tubal-Kain, der ihm das goldene Dreieck mit dem Meisterwort übergibt. Es gelingt ihm noch, dieses goldene Dreieck zu verbergen und es dadurch dem Zugriff Unbefugter zu entziehen.

Wir berühren nun einige Tatsachen, die Rudolf Steiner zum größten Teil in Gesprächen mitgeteilt hat. Eine spätere Inkarnation Hirams ist Lazarus. Seine Auferweckung durch Christus, die erste christliche Einweihung, machte ihn zu dem Jünger, «den der Herr liebte». Es ist der Apostel Johannes, der einzige aus dem Jüngerkreis, der mit vollem Bewußtsein unter dem Kreuz stand und so in der Lage war, das Mysterium des leiblichen Todes und der späteren Auferstehung mitzuvollziehen. Er ist auch der Verfasser des Johannes-Evangeliums und der Apokalypse sowie Begründer verschiedener christlicher Gemeinden. Er stirbt in Ephesos, der uralten Mysterienstätte der Artemis.

Inzwischen war derjenige Geist der Form, der der Führer der ägyptischen Kultur war – einer der Elohim –, «luziferisch» geworden, das heißt, er wollte die Impulse der ägyptischen Zeit, die damals am Platze waren, nicht enden, sondern weiterhin wirken lassen.

So wirkten hierarchische Sozialstrukturen aus dem alten Ägypten weiter im zur Staatsreligion erhobenen Christentum. Die alte pyramidenförmige Struktur, an deren Spitze der Pharao als sowohl göttlicher wie auch weltlicher Führer stand – etwas, was der Kulturperiode der Empfindungsseele durchaus gemäß war –, wurde zum Vorbild der christlichen Kirchenhierarchie, während gleichzeitig die Inhalte dieser Kirche, wie bereits dargestellt, unter den Einfluß des römischen Rechtsdenkens gerieten. Ein spirituelles Christentum wie das arianische oder manichäische wurde als ketzerische Irrlehre mit Feuer und Schwert bekämpft.

Für ein Sonnenchristentum, das aus der innigen Verbundenheit mit dem Mysterium von Tod und Auferstehung bis ins Physische hinein lebt, gab es nur im Verborgenen eine Stätte. Dieses «verborgene Christentum» knüpfte immer an das Johannes-Evangelium und dessen geistige Tiefendimension und Zukunftskraft an. Vor allem in dieser Mysterienströmung wurde die «Imitatio Christi» durchgemacht.

Im 13. Jahrhundert begann eine finstere Zeit. Die spirituelle Phase des Mittelalters war zuende. Gralschristentum und westliches Christentum hatten sich durch ihre Vereinigung als getrennte Strömungen aufgehoben und warteten auf Aufgaben in späteren Zeiten. Die Blüte von Chartres war vorüber; nur ein Thomas von Aquino vermochte sich noch zu halten und seinen verchristlichten Aristotelismus in die Welt hineinzustellen.

In dieser Zeit erlebt die Johannes-Lazarus-Individualität eine Inkarnation, in der sie im Kindesalter und als Jüngling die Weisheit von zwölf Lehrern, Vertretern der gesamten atlantischen und nachatlantischen Entwicklung, empfängt. Im vierzehnten Jahrhundert ist sie unter dem Namen Christian Rosenkreutz erneut verkörpert. Dieser wirkt im Verborgenen und beruft seine Schüler (siehe GA 130).

Die Rosenkreuzer beschäftigten sich mit der wahren Alchemie, mit der Heilkunde, der Weiterentwicklung des Handwerkswesens – so unter anderem mit der Herstellung des berühmten Meißner Porzellans – und mit der Politik. Ob sie nun einfache Handwerker, wandernde Ärzte, Alchemisten oder Fürsten waren – für alle galt, daß sie sich nicht als Rosenkreuzer zu erkennen geben durften. Sie pflegten in stiller Meditation einen christlichen Einweihungsweg anhand von Symbolen, die sie in Form primitiver Druckblätter empfingen.

Andere leisteten die Entwicklung einer neuen Wissenschaft. Die rosenkreuzerischen Alchemisten suchten den sogenannten «Stein der Weisen», den sie im Repräsentanten des alten Sonnenzustandes, dem Kohlenstoff in Form des Diamanten, symbolisch erlebten. Allerdings läßt sich dieser Stein der Weisen ebensowenig wie der Gral mit einer einzigen Definition charakterisieren.

F. W. Zeylmans van Emmichoven zitiert in seinem Buch *Der Grundstein* (Stuttgart 1990, S.43) einen alchemistischen Spruch, der diesen Stein folgendermaßen umschreibt: «Dieser Stein ist dreyeckigt in Esse oder Wesen, viereckigt in Qualitate oder Beschaffenheit.» Unschwer läßt sich darin erkennen, daß der Stein der Weisen *auch* ein Symbol des physischen Leibes in seiner reinsten Form ist: als dreifacher räumlicher Bau mit den vier Elementen Erde, Wasser, Luft und Feuer als Bausteine. Überall in den alchemistischen Schriften kommt, so Zeylmans, «die Tendenz zum Vorschein, sich auf uralte Mysterien zu beziehen, insbesondere auf die ägyptischen; Hermes wird als der erste große Alchemist bezeichnet; dann wird sehr häufig eine Maria Hebraica genannt, angeblich eine Schwester des Moses. Auch taucht ein Name auf, den wir aus Goethes Faust kennen, nämlich ein gewisser Dr. Marianus, auch Marianus Christianus genannt». Hier zeigt sich, daß die Strömung des wahren Rosenkreuzertums an die ägyptisch-hebräischen Mysterien anschließt, den südlichen Strom der «Mysterien des Menschen».

Das Rosenkreuzertum führte einen inneren Kampf gegen die Kirche, die diese Mysterien des Menschen in der Gestalt erstarrter juristischer Formen in die Kultur einfließen ließ. Kurz nach 1600 jedoch trat das Rosenkreuzertum eine kurze Zeit nach außen in Erscheinung, um in die Weltpolitik einzugreifen. Es wurde ein Versuch gemacht, die drohende Verwüstung Europas zu verhindern. Es ist die Zeit des zwölfjährigen Waffenstillstands während des sogenannten Achtzigjährigen Krieges zwischen den Niederlanden und Spanien, dessen letzte dreißig Jahre mit dem Dreißigjährigen Krieg zusammenfallen. Durch ihn wurde, trotz der Bemühungen der Rosenkreuzer, ganz Mitteleuropa verwüstet und die geistige Entwicklung dieses Gebietes – vielleicht sogar bis in die Gegenwart hinein – nachhaltig verzögert.

Das Hereinwirken der Rosenkreuzer in die äußere Kultur wird markiert durch die im Jahre 1614 erscheinende Schrift *Allgemeine und*

General Reformation der ganzen weiten Welt … an alle Gelehrte und Häupter Europae geschrieben. Sie enthält unter anderem die schon früher handschriftlich verbreitete *Fama Fraternitatis.* Zwei Jahre später, 1616, erscheint dann die *Chymische Hochzeit des Christian Rosencreutz.*

König Karl IX. von Schweden ließ seinen Sohn Gustav Adolf von zwei gelehrten Rosenkreuzern erziehen: Johannes Bareus und Johannes Skytte. Der Universität Uppsala gehörten viele Professoren der «Theophrastischen Richtung» an; auch die Naturwissenschaftler waren Vertreter des «Paracelsismus» – beides Synonyme für das Rosenkreuzertum. Der gesamte Adel und die Regierung waren von dieser Strömung beeinflußt. Und dies gilt nicht nur für Schweden.

Der Eintritt Gustav Adolfs in den Dreißigjährigen Krieg geschah nicht mit dem Ziel der eigenen Machtausdehnung. Erst nachdem er gefallen (oder ermordet?) war, gewann die dämonische Seite des Krieges die Oberhand. In Schweden siegte in der Folge der starrorthodoxe Protestantismus, vor dem Königin Christine aus ihrer Heimat floh.

In dem das gesamte 17. Jahrhundert durchziehenden Kampf in Wissenschaft und Politik stellt sich die Partei der Rosenkreuzer gegen die aufkommende materialistische Wissenschaft und die Machtpolitik der Kirche und der Nationalstaaten – die finsteren Schatten der lemurischen Mysterien des Menschen. Diese Schatten sollten vorerst die Szene beherrschen. Doch ein Schatten kann nur dann entstehen, wenn irgendwo ein Licht scheint.

Dieses Licht konnte erst durchbrechen, als Michael Zeitgeist geworden und das Kali Yuga abgelaufen war. Jetzt begannen sich aus allen vier Mysterienströmungen Individualitäten zu inkarnieren, die sich im vorgeburtlichen Leben der Sonnensphäre unter der Leitung Michaels auf eine Verkörperung im 20. und 21. Jahrhundert vorbereitet hatten. Damit sind wir am Beginn unseres Jahrhunderts und bei der Geburt der Anthroposophie angekommen.

Wir wollen zuerst noch einmal das Gesamtgebiet der vier Strömungen im Überblick betrachten: Der *südliche* Strom ist mit der Esoterik des jüdischen Volks verwoben. Die Bibel läßt die Entwicklung des Menschen bei Adam und Eva beginnen, dem ersten Menschenpaar, das sich nach der lemurischen Zeit, zu Beginn der atlantischen Entwicklung, wieder auf der Erde inkarnierte. Diese Mysterienströmung wird von Jahwe, dem Monden-Eloah, geführt. Sie teilt sich in einen Kain- und einen Abel-Strom und kulminiert im Auftrag des jüdischen Volks, zum frühzeitigen Erwachen des Ich im physischen Leib zu kommen, um so den Vererbungsstrom zu schaffen, in welchem sich der Christus inkarnieren konnte.

Der exoterische Verlauf dieser Strömung führt über Ägypten und Rom zu unserer bürgerlich-materialistischen Kultur. Wir verdanken ihm ein von alten hierarchischen Strukturen geprägtes Geistesleben sowie ein juristisch gefärbtes, dem «Abrechnungsprinzip» huldigendes Christentum, das nichts mit Christus zu tun hat, um so mehr aber mit der Erinnerung an die Jahwe-Zeit der Vergangenheit.

Von der esoterischen Seite her geschaut, führt diese Strömung über das jüdische Volk und die in ihm sich vollziehende Vereinigung von Kain und Abel zum Lazarus-Johannes-Mysterium und von da aus weiter zum Rosenkreuzertum. Dieses muß in der Bewußtseinsseelenzeit eine solche Form finden, daß es sich mit den «neuen Mysterien» verbindet.

Das Mysterium der Auferstehung beinhaltet die Reinigung des physischen Leibes von der Materie, mit welcher Ahriman ihn ausgefüllt hat. Der Sieg über den Tod, die Freude über die Erlösung und Umwandlung der absterbenden Erde durch Menschenhände und Menschenbegeisterung – das sind die eigentlichen Aufgaben der südlichen Mysterienströmung. Es ist die Aufgabe der «Mysterien des Menschen», nicht nur von der Auferstehung zu *wissen*, sondern uns zu lehren, wie wir uns mit den Auferstehungskräften des Christus real verbinden können.

Die Weisheitsmysterien des *Ostens* wirken in unserer Kultur exoterisch durch die ahrimanische Lüge des materialistischen Weltbildes sowie die statistischen Verzeichnungen der sozialen Wirklichkeit. Sie sind Karikaturen der Gralsweisheit, die im 20. Jahrhundert erneuert in Erscheinung treten muß. Die *westlichen* Mysterien haben sich geopfert und einen verborgenen gesellschaftlichen Einfluß ausgeübt. Sie haben dafür gesorgt, daß der rote Faden des esoterischen Christentums nicht abriß und die geistige Kontinuität der anderen Strömungen erhalten blieb.

Der *nördliche* Strom hat jahrtausendelang den Menschen die Ausbildung von Weisheit vorenthalten und sie statt dessen zur Arbeit an der Erde erzogen. Durch die Erde, die Kräfte, die aus dem Boden einer Gegend aufsteigen, wurde eine Differenzierung innerhalb der germanischen Stämme bewirkt. Sie empfingen den Impuls, ein Wirtschaftsleben zu entwickeln, welches zur Grundlage eines weltumspannenden Menschheitsbewußtseins werden sollte. Das Ich wurde dazu gebracht, im Willen zu erwachen. Wenn sich dieser Wille in Zukunft nicht auf spirituelle Ziele richtet, so wird die Welt «am Fleiß zugrundegehen»! Die spirituelle Aufgabe des nördlichen Stromes ist es nun, nicht länger auf die Entwicklung von Weisheit zu verzichten, sondern sie mit den irdischen Notwendigkeiten zu verbinden.

Der westliche Strom hat sich bereits geopfert, der nördliche wird dies jetzt ebenfalls tun müssen. Die Ich-Entwicklung, die bisher egoistisch war, muß diesen Egoismus überwinden und zur Kraft der Liebe metamorphosieren. So wie der Astralleib bereits die Fähigkeit hat, die Weisheit in sich zu tragen, so wird das Ich nun lernen müssen, die Liebe zu verwirklichen. Ost- und Südstrom suchen die Weisheit im Kosmos und in der physischen Welt. Nord- und Weststrom suchen die im Ich geborene Liebe.

Diese vier Mysterienströmungen waren am Ende des Kali Yuga (1899) sämtlich an einen Endpunkt gekommen. Alle erstreben sie die Vereinigung im Zeichen der neuen Mysterien. Darin wird der nördliche Strom das erwachte Ich zur Liebe führen können; die südlichen Mysterien den Auferstehungsweg zum Geistesmenschen weisen; die westlichen Mysterien den Weg zum Lebensgeist; die östlichen zum Geistselbst.

Es war die Aufgabe Rudolf Steiners, das Fundament zu den alle Ströme integrierenden neuen Mysterien zu legen. Damit steht Rudolf Steiner im Zentrum des Wirkens von Skythianos, Widar, Zarathustra und Hermes-Christian Rosenkreutz als der Hierophant der neuen Mysterien. Dreimal erklingt es in dem Spruch, der die Grundsteinlegung der neuen Mysterien begleitete:

> Das hören die Geister in Ost, West, Nord, Süd:
> Menschen mögen es hören!

Ja, mögen die Menschen den Ruf des Edelsten, was diese vier Ströme mit sich tragen, hören und in den neuen Mysterien vereinigen, in den Mysterien eines neuen, lichten Zeitalters, in dem ihnen der ätherische Christus entgegentreten und sie auf eine Kultur wahrer Brüderlichkeit, die Kultur der *Philadelphia*, der sechsten nachatlantischen Periode, vorbereiten wird. Das Licht dieses Weges wird erkennbar werden an den tief-dunklen Schatten des künftigen Kampfes.

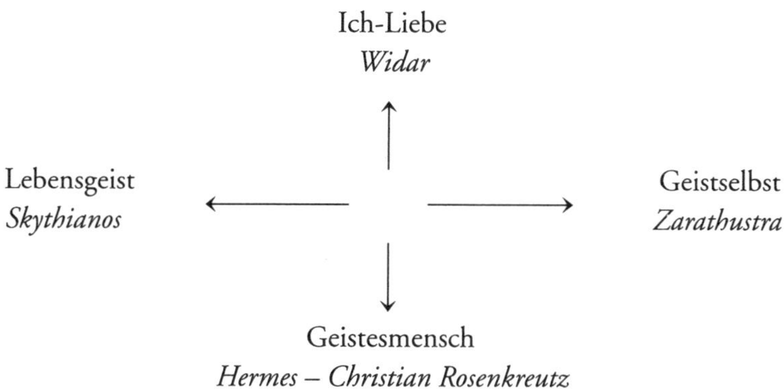

DIE VEREINIGUNG DER VIER STRÖME DURCH RUDOLF STEINER

Zwei der beschriebenen vier großen Ströme, der östliche und der westliche, haben sich bereits im Jahre 869 verbunden, indem Parzival als Artusritter gleichzeitig Gralskönig wurde. Durch diese Vereinigung hat sich das Geistselbst des Christus mit seinem Lebensgeist verbunden, der von ihm bei seinem Erdenabstieg in der elementarischen Welt zurückgelassen worden war.

Rudolf Steiner hat den Weg Christi durch die Sonnensphäre zur Erde als das Spiegelbild des Weges bezeichnet, den der Mensch nach dem Tode zurücklegt. So wie der Mensch seinen physischen Leib auf der Erde zurückläßt, so ließ der Christus seinen Geistesmenschen auf der Sonne zurück; so wie sich der menschliche Ätherleib in der elementarischen Welt auflöst – einige besonders hochentwickelte Ätherleiber ausgenommen –, so verbindet sich der Lebensgeist des Christus mit den Elementen der Erde; und so wie das seelisch-geistige Wesen des Menschen schließlich sein Erdenleben in der astralen Welt, dem «Kamaloka», rückläufig durchlebt, so durchlebt das geistig-seelische Wesen des Christus, das heißt sein Geistselbst und Ich, die drei Jahre in Palästina und nimmt damit voraus, was in künftigen Zeiten kommen wird.

Die Verbindung des Geistselbstes des Christus mit seinem Lebensgeist, von den Menschen des Ost- und Weststromes aufgenommen, bedeutete einen Inkarnationsprozeß des Christus in die Seelen- und Lebenssphäre der Menschheit. Damit wurde die Möglichkeit dafür geschaffen, daß Menschen heute die Wiederkunft des ätherischen Christus, die damals noch ein Zukunftsgeschehen war, erfassen und erleben können.

Die Auferstehung des Christus in der ätherischen Welt hat sich in unserem Jahrhundert ereignet. Rudolf Steiner war in der Lage, dieses Ereignis im voraus zu schauen und die Menschen durch die Gralswissenschaft der Anthroposophie darauf vorzubereiten.

Der Erzengel, der als Volksgeist der keltischen Völker den westlichen Strom getragen und die Verchristlichung der Kelten begleitet hatte, opferte eine Möglichkeit seiner eigenen Höherentwicklung, um den esoterischen Strom, der aus der Verbindung mit der Gralsströmung hervorging, zu begleiten und zu beschützen. Dieser esoterische Strom lebt tief im Verborgenen und tritt um 1200 herum kurz an die Oberfläche, um die Grals- und Artusliteratur etwa dreißig Jahre lang zu inspirieren. Danach zieht sich der Hüter dieser Strömung in die Sonnensphäre zurück, um den Zeitpunkt zu erwarten, an dem Michael die Zeitenregentschaft übernehmen wird und die Menschen erneut in der Lage sind, den Zugang zu einer verchristlichten Gralsweisheit zu finden.

Im Jahre 1203 starb der wichtigste Vertreter der Schule von Chartres, Alanus ab Insulis. Um 1225 wurde Thomas von Aquino geboren. In den dazwischenliegenden Jahren fand in der geistigen Welt ein «Konzil» statt zwischen den verstorbenen Platonikern aus Chartres und den noch ungeborenen Aristotelikern, die sich zur späteren Inkarnation vorbereiteten. Es wurde dabei die Aufgabenverteilung für die anstehende finstere Marsperiode und die Zeit danach festgelegt (siehe hierzu Rudolf Steiner in *Esoterische Betrachungen karmischer Zusammenhänge,* GA 237). Im Anschluß daran entstand in der Sonnensphäre, unter Leitung Michaels und des Alanus ab Insulis, des Menschheitslehrers aus der Schule von Chartres, eine Art Lehrschule, in welcher die Früchte der Vereinigung des Ost- und des Weststroms noch einmal in Form von mächtigen Imaginationen vor die Seelen derer hingestellt wurden, für die diese Bilder etwas bedeuteten, weil sie bereits während ihres Erdenlebens in irgendeiner Weise mit den Weisheits- und Innigkeitskräften der beiden Strömungen verbunden gewesen waren. Zu ihnen gesellten sich, nachdem sie ihre Erdenaufgabe erfüllt hatten, die Aristoteliker. Alle schauten auf das Jahr 1899 hin, da unter dem Zeitgeist Michael das Kali Yuga ausklingen und die Atmosphäre soweit gereinigt sein würde, daß sich auf der Erde eine neue Spiritualität würde entfalten können.

Die Individualität des Thomas von Aquino beschloß, die Führung derjenigen Strömung zu übernehmen, die die neue Gralsweisheit auf die Erde tragen sollte, um den sich zur Verkörperung anschickenden Michaeliten den Weg vorzuzeichnen. Diese Gralsweisheit trat in der Form, wie sie durch Rudolf Steiner vermittelt wurde, hier auf Erden als «Anthroposophie» in Erscheinung. Doch um den Keim der «neuen Mysterien der Zukunft» zu bilden, einen Keim, der alle großen, auf die Erscheinung des Christus hinorientierten Mysterienströmungen zusammenfassen soll – wobei berücksichtigt werden muß, daß es auch große Mysterienströmungen gibt, die noch nicht diese Ausrichtung haben –, dazu mußten auch der nördliche und der südliche Strom miteinander verbunden werden.

Der nördliche Strom lebt sich exoterisch in den wirtschaftlichen Vorgängen seit der Einführung der modernen Ökonomie durch die Hanse aus. Nun, nachdem Michael die Zeitregentschaft angetreten hat, ist diese Ökonomie auf dem Wege zur Weltwirtschaft – allerdings noch immer angestachelt vom Egoismus des ahrimanischen Fenriswolfes, des Gegners Widars.

Die Templer, die selbst der südlichen Strömung angehörten, schufen zum ersten Mal eine christliche Ökonomie, die sich ohne Selbstsucht in den Dienst des Friedens und der Völker- und Menschenverbindung stellte. Hier fing etwas an, das sich mit der Vereinigung des östlichen und des westlichen Stroms durch Parzival vergleichen läßt. Der Prozeß, den die Templer einleiteten, war jedoch noch nicht abgeschlossen, als er durch die Habgier Philipps des Schönen, des französischen Königs, abgebrochen wurde. Der Fenriswolf biß zu, während Widar noch keine Macht auf Erden hatte.

Als nach der Einweihung des Christian Rosenkreutz im 14. Jahrhundert der Impuls des Rosenkreuzertums wirksam wurde, zeigt sich erneut, daß dieser südliche Strom mit der *Erde* zusammenhängt. Christian Rosenkreutz ist fast ununterbrochen verkörpert, sein

Ätherleib ist derart stark mit Sonnenkräften durchstrahlt, daß er sich nicht auflöst und dadurch auch während der kurzen Zwischenzeiten zwischen Tod und neuer Verkörperung wirksam bleibt.

Christian Rosenkreutz ist also immer *auf Erden anwesend*, und er strebt danach, eine Situation zu schaffen, wodurch die physische Materie wieder aus ihrer zu starken Verdichtung erlöst wird. Er setzt sich auch, in seiner Wirksamkeit als Graf Saint-Germain, für die Schaffung politischer Verhältnisse ein, die es spirituellen Menschen ermöglichen, sich mit ihren Impulsen zu behaupten. Dafür muß eine innige Verbindung mit den Auferstehungskräften des Christus erstrebt werden. Hier sehen wir die positive Seite des südlichen Stromes.

Rudolf Steiner hat in seiner anthroposophischen Wirksamkeit bereits sehr früh auf diese «echte» Rosenkreuzerströmung hingewiesen und die Imagination des Rosenkreuzes in den anthroposophischen Schulungsweg integriert.

Die geistige Mission des nördlichen Stromes hat Rudolf Steiner auf verschiedenste Art zum Bewußtsein gebracht, vor allem da, wo er auf die Zukunftsaufgaben der nordischen Völker hinweist. So äußerte er gegenüber Herbert Hahn, einst werde das *Kalevala-Epos* der Finnen für die Spiritualisierung des «Geist-Erinnerns» bei den europäischen Völkern dieselbe Rolle spielen wie die Ilias und Odyssee bei den Griechen und in der späteren europäischen Kultur. – In den Jahren nach dem ersten Weltkrieg geht Rudolf Steiner im Rahmen der Dreigliederungsbewegung ausführlich auf die Bedeutung des Prinzips der Selbstlosigkeit in der Ökonomie ein. Ferner handelt der ganze «Nationalökonomische Kurs» davon (GA 340). Damit ist für die eigentliche Mission des nördlichen Stromes ein Weg gebahnt und der Kampf gegen die Ich-vernichtenden Kräfte der Asuras aufgenommen.

Wir wiesen bereits darauf hin, daß der Norden den Ich-Impuls bringt, im Positiven wie im Negativen. Widars Zeit ist *jetzt* gekommen. Widar sucht Menschen, die bereit sind, sich auf dieses Feld der allerschwersten geistigen Kämpfe zu wagen.

Der Grundsteinspruch ist auf der Dreiheit des zentralen Rosenkreuzerspruches aufgebaut: Ex Deo nascimur – In Christo morimur

– Per Spiritum Sanctum reviviscimus (Aus dem Göttlichen weset die Menschheit – In dem Christus wird Leben der Tod – In des Geistes Weltgedanken erwachet die Seele). Als am ersten Tag der Weihnachtstagung der Grundsteinspruch zum ersten Mal erklang, in Anwesenheit von 800 Menschen, die die gesamte anthroposophische Bewegung vertraten, zog «Christian Rosenkreutz mit seinen Scharen» in den Saal ein. Dieses Geschehen, das Rudolf Steiner in persönlichen Gesprächen (M. u. E. Kirchner-Bockholt) als Ereignis in der geistigen Welt charakterisierte, besiegelte einen welthistorischen Augenblick.

Der Strom des Ostens und der des Westens, vereinigt in der neuen Gralsweisheit der Anthroposophie, und der Strom des Nordens und der des Südens, im Rosenkreuzertum und in dem auf die Erde gerichteten Widar-Licht vereint, hatten jeweils ihr Eigen-Sein geopfert, damit der Keim einer spirituellen Menschheitszukunft gebildet werden konnte.

Nach der Weihnachtstagung erreichten Rudolf Steiner Fragen, wie man ein inneres Verhältnis zur Verbindung von Rosenkreuzertum und Anthroposophie finden könne. Er antwortete mit einem Bild: In der geistigen Welt stehen Christian Rosenkreutz und Rudolf Steiner nebeneinander vor einem Altar; links Christian Rosenkreutz mit blauer Stola, rechts Rudolf Steiner mit roter Stola. Der Schüler erlebt sich selbst im weißen Gewand auf diesen Altar zuschreitend (M. und E. Kirchner-Bockholt).

Welterneuerungsimpulse gehen von den Hierarchien aus, doch es müssen sich auf der Erde Menschen finden, die sich diese Impulse zu eigen machen und mit ihrem persönlichen Karma verbinden wollen. Im Altertum geschah dies, indem man seine «Hüllen» reinigte und danach einem hierarchischen Wesen zur Inkorporierung zur Verfügung stellte. In der modernen Zeit geschieht diese Verbindung dadurch, daß Individualitäten vollbewußt die Impulse der Hierarchien in ihr Ich aufnehmen und *selbst* ausführen.

So wurde die Weihnachtstagung von zwei Individualitäten getragen: von Rudolf Steiner, der sie auf Erden ausführte, und von Christian Rosenkreutz, der geistig anwesend war.

DIE BEGEGNUNG MIT DEM BÖSEN IN DER ZEIT DER BEWUSSTSEINSSEELE

Die *Empfindungsseele*, in der ägyptisch-babylonischen Kulturperiode entwickelt, hatte die Mission, den Menschen zum Erwachen für die Sinneswelt zu bringen und ihn in dieser unterscheiden zu lehren zwischen *Schein* und *Wirklichkeit*. Das Mittel dazu war, auf dem Wege über die Schönheit, die Kunst. Luzifer war hier der Widersacher, indem er den schönen Schein der Wirklichkeit präsentierte. So war es eine der Aufgaben der sakralen Tempelkunst, die Wirklichkeit *hinter* diesem schönen Schein zum Bewußtsein zu bringen.

Die *Verstandesseele*, entwickelt in der griechisch-römischen Periode und im Mittelalter, hatte die Aufgabe, das selbständige logische Denken in der Menschheit zur Entwicklung zu bringen. Der Mensch mußte lernen, im Denken zwischen *Wahrheit* und *Unwahrheit* zu unterscheiden. Dafür bildete die Philosophie eine Art Lehrschule. Sie entwickelte sich aus den Anfängen bei den ersten griechischen Denkern bis zum Höhepunkt der Scholastik. Die Wahrheit offenbarte das Leben, die Unwahrheit brachte den Tod. Im Streben nach Wahrheit überwand das Leben den Tod. Hier herrschte Ahriman als Gegenkraft, der Geist der Lüge, der Verleugnung alles Geistigen, indem er den menschlichen Intellekt entwickelte, durch den jede Behauptung logisch bewiesen werden kann. Das Ringen um die Wahrheit prägt die Geschichte der christlichen Konfessionen und esoterischen Strömungen.

Die Phase der *Bewußtseinsseele*, in der wir seit dem 15. Jahrhundert stehen, soll dazu führen, daß wir lernen, in der Auseinandersetzung mit dem wahrhaft Bösen *das Gute* zu verwirklichen. Dafür müssen

Kräfte des Mutes sowie innere Sicherheit im Handeln entwickelt werden. Denn auf der Ebene von Gut und Böse handelt es sich nicht darum, zu *wissen*, was richtig ist, sondern zu *tun*, was gut ist – das aber erfordert die Entwicklung von Intuitionskraft.

Es ist diese Kraft, die am Schluß des Grundsteinspruches angerufen wird mit den Worten:

> Daß gut werde,
> Was wir
> Aus Herzen gründen;
> Was wir
> Aus Häuptern
> Zielvoll führen wollen.

Diese Kraft muß aus dem göttlichen Licht und der Christus-Sonne kommen. Der Heilige Geist und Christus stehen hinter der Seele, die in der Welt intuitiv handelnd auftritt.

Auf diesem Gebiet treten dem Menschen die Asuras, die Geister des wahrhaft Bösen, entgegen. Sie sind die Kraft, die hinter dem absoluten Nihilismus steht, die «sich ergießende Verwesung», die «Würgengel des absoluten Todes» (Charakterisierungen Rudolf Steiners). Diese finsteren Wesen sind der eigentliche «Antichrist», der Geist, der die gesamte Menschheitsentwicklung im Grunde *nicht* will, der alles seit dem alten Saturn Entstandene wieder ungeschehen machen und das Ich des Menschen vernichten will. Doch so finster diese Kraft der Selbstvernichtung auch sein mag, das göttliche Licht durchstrahlt die Finsternis, die Christus-Sonne durchwärmt die Seelenkälte! Und wenn Menschen dieses göttliche Licht in seiner heutigen Form als Geisteswissenschaft aufnehmen und der Christus-Sonne in ihren Herzen Raum geben, wird dieser nihilistische Würgengel von seiner Rolle als Widersacher erlöst werden, die er auf sich genommen hat, um der Menschheit die Gegenkraft zu bieten, an der sie die Mutkräfte des Ich entwickeln kann.

Es war die Aufgabe des nördlichen Mysterienstroms, diese im Zeitalter der Bewußtseinsseele benötigten Mutkräfte in den Seelen der Menschen vorzubereiten. Während der jahrtausendelangen «Wartekultur» wurden diese Mutkräfte aus einer Überfülle an Lebenskräften entwickelt. Heute müssen sie aus den Überschußkräften hervorgehen, die die Menschen *selbst* in ihren Seelen entwickeln. Der nördliche Strom muß sich deshalb sowohl mit den Weisheitskräften des vereinigten Ost- und Weststromes als auch mit den Christus-Auferstehungskräften des südlichen Stromes als Träger des göttlichen Lichtes und der Christus-Sonne verbinden. Diese durchstrahlen den Menschen, der danach strebt, *das Gute zu tun.* Dem nördlichen Strom ist, nach Rudolf Steiner, innerhalb der heutigen Kultur aufgegeben, die Asuras zu besiegen.

Zur Verdeutlichung der jeweiligen Rolle der luziferischen, ahrimanischen und asurischen Kräfte sei noch folgendes hinzugefügt:

«Asuras» bezeichnet im Sanskrit Wesen aus der Hierarchie der Archai. Die Archai (Zeitengeister) entstanden auf dem alten Saturn durch das Opfer der Throne, mit dem die gesamte Schöpfung der Menschheit begann. Einige der Throne entzogen sich jedoch diesem Opfer; die von ihnen geschaffenen Archai wurden dadurch zu Wesen, die sich gegen die Schöpfung als solche kehrten.

Zu Beginn der Sonnen-Phase behielten einige Kyriotetes (Geister der Weisheit) ihre Substanz zurück, während die übrigen ihre Weisheit in die Entwicklung der alten Sonne hineinströmen ließen. Diese Kyriotetes wurden zu Kräften der kalten egoistischen Weisheit, der Intelligenz; und die von ihnen geschaffenen Erzengel wurden zu den ahrimanischen Wesen, den Feinden des Lichtes und der Weisheit.

Zu Beginn der Mondenphase brachten die Dynamis (Geister der Bewegung) den Kosmos in Bewegung . Einige von ihnen hielten ihre Kräfte zurück und erstrebten den Stillstand, das Verharren im bis dahin Entstandenen. Die von ihnen geschaffenen Engelwesen sind die luziferischen Wesen; sie wollen die Vergangenheitsstufen der Schöpfung konservieren und dies dem Menschen als Ideal präsentieren.

Luzifer ist durch die Engel-Hierarchie im Astralleib des Menschen wirksam, Ahriman durch die Hierarchie der Erzengel im Ätherleib;

die Asuras schließlich wirken über die Hierarchie der Archai im physischen Leib, wo sie Verwesung erzeugen.

Der nördliche Strom ist der Bringer des Ich-Mutes, der notwendig ist, um dem Bösen, dem Antichrist entgegenzutreten; der südliche Strom trägt die Auferstehungskraft der Christus-Sonne; der Parzival-Gral-Strom bringt das göttliche Weisheitslicht, das die Todeskräfte des «Würgengels» zu durchschauen und zu überwinden vermag.

Man kann dieser schwersten Aufgabe der Seelenentwicklung mutvoll und mit warmem Herzen entgegengehen – im Wissen, daß Widar und Michael denen helfen werden, die Weisheit und Wärme als Überschußsubstanz entwickelt haben.

DIE NEUEN MYSTERIEN

Im Verlauf des sogenannten Kali Yuga, des finsteren Zeitalters, das von ca. 3100 v. Chr. bis fast zum Jahr 1900 dauerte, nahmen die natürlichen geistigen Wahrnehmungsfähigkeiten immer mehr ab. Die Mysterien des Ostens, Westens, Nordens und Südens konnten jeweils bestimmte Aspekte dieser Fähigkeiten konservieren.

Zu Beginn unseres Jahrhunderts war auch das vorbei. Übrig blieben zusammenhanglose Weisheitsfetzen, entstellt und nicht mehr begreiflich. Als Rudolf Steiner nach seinem zweiundvierzigsten Lebensjahr mit der Anthroposophie in die Öffentlichkeit trat (1902), bestand seine erste Tat darin, daß er eine gereinigte Weisheitslehre von der wahren geistigen Entwicklung in die Welt hineinstellte. Den Überresten alter indischer Weisheit in der Theosophischen Gesellschaft stellte er eine christozentrisch orientierte Geisteswissenschaft gegenüber. Im Gegensatz zu allerlei alten Yoga-Praktiken verfaßte er jene bewußt nüchtern gehaltenen Aufsätze, die später als Buch unter dem Titel *Wie erlangt man Erkenntnisse der höheren Welten* erschienen. Vom Schicksal bedingt, reinigte er zuerst den östlichen Weisheitsstrom. Es wurde eine esoterische Schule begründet, in der weiterführende Anweisungen für die individuelle Seelenentwicklung gegeben wurden. Bei einer kleineren Gruppe schließlich knüpfte Rudolf Steiner an die ursprüngliche «Tempellegende» an und begründete die sogenannte «F.M.», eine Loge, in der die Inhalte der südlichen Mysterien in kultischen Formen lebendig wurden. Gleichzeitig sprach er bereits von der anthroposophischen Geistesrichtung als der wahren Rosenkreuzerbewegung. Das Fortwirken dieser alten Strömungen im modernen Leben, allerdings jetzt in erneuerter Form, fand seinen Niederschlag in der Erneuerung der Künste und in den Vortragszyklen über die Evangelien.

Die Anthroposophie trat zwischen 1902 und 1909 als Weisheitslehre und Meditationsinhalt auf. Viele ältere Mitglieder erfuhren daran tief befriedigende Antworten auf ihre Lebensfragen. Man studierte in kleinen Gruppen und verrichtete tagsüber seine normale Arbeit, wie es bereits viele Jahrhunderte lang die Rosenkreuzer getan hatten.

Nach 1909, während des zweiten «Lebensjahrsiebts» seit ihrer Geburt, befruchtete die Anthroposophie durch Kunst und Religion das Gefühlsleben. Dann begann 1914 der Erste Weltkrieg. Zuvor hatte Rudolf Steiner in Oslo seine Vorträge über *Die Mission einzelner Volksseelen* gehalten (GA 121) und in diesem Zusammenhang über die nordischen Völker und ihre Bedeutung für die weitere Entwicklung gesprochen. Auch das Geheimnis des Opfers der keltischen Volksseele wurde darin enthüllt, so daß die Frage, warum diese geistige Strömung so plötzlich vom Erdboden verschwunden war, eine Antwort erfuhr.

Nach dem Krieg erwarteten die alten Mitglieder, daß Rudolf Steiner die esoterische Schule wieder aufgreifen und fortsetzen würde. Diese Erwartung wurde jedoch enttäuscht: Es sei in der jetzigen geistigen Situation nicht mehr möglich, an irgendeine der alten Mysterienströmungen anzuknüpfen, war die Antwort Rudolf Steiners.

Statt dessen richtete er seine volle Aufmerksamkeit auf das Wirken nach außen: Er griff in die politische und kulturelle Situation der Nachkriegsjahre ein. Die Anthroposophie inkarnierte sich jetzt im Willensbereich. Viele junge Menschen, oft mit akademischer Ausbildung, fanden nun ihren Weg in die anthroposophische Bewegung. Sie suchten nicht nur *Weisheit* – sie wollten auch *handelnd* tätig werden. Mit diesen Menschen griff Rudolf Steiner in Gestalt der Bewegung für «soziale Dreigliederung» in das politische Leben ein. Mit ihnen wurde die erste Waldorfschule begründet, wurde eine erneuerte Heilkunde entwickelt und erfuhren die Wissenschaften eine spirituelle Erneuerung. Das Streben junger Theologen führte, unter der

Leitung Friedrich Rittelmeyers, zur Begründung der Bewegung für religiöse Erneuerung, der «Christengemeinschaft».

All diese innovativen, tatkräftigen Bewegungen erschütterten die älteren Mitglieder, waren sie doch aus der Zeit vor dem Krieg daran gewöhnt, Anthroposophie in aller Stille und Seeleninnigkeit zu pflegen, nicht jedoch sie mit hineinzunehmen in die Strudel und Turbulenzen des Lebens.

Inzwischen wartete Rudolf Steiner auf die, wie er sie später nannte, «Parzival-Frage» nach den neuen Mysterien.

Erst durch den Schock des Goetheanum-Brandes in der Silvesternacht 1922/23 entstand eine Situation, aus der heraus Ita Wegman diese Frage stellte. Von diesem Augenblick an bereitete Rudolf Steiner während des ganzen Jahres 1923 die große kultische Tat der Grundsteinlegung der neuen Mysterien vor. Wer sich einen Eindruck verschaffen möchte, was alles dafür notwendig war, der studiere einmal systematisch die Vorträge des Jahres 1923. Auf der einen Seite mußten Spannungen innerhalb der Gesellschaft, zum Beispiel zwischen jüngeren und älteren Mitgliedern, zur Klärung gebracht werden, auf der anderen Seite wurden Vorträge gehalten, die das Verhältnis des Menschen zu den Hierarchien und den Naturreichen vertieft darstellten. Gegen Ende des Jahres 1923 kam es dann zu den Vortragsreihen über die alten Mysterien, mit besonderer Berücksichtigung derer, die in den Jahren zuvor noch nicht ausführlicher behandelt worden waren. Es schien so, als ob Rudolf Steiner den Mitgliedern noch einmal deutlich vor Augen führen wollte, was alles im Altertum und im Mittelalter geschehen mußte, um die geistige Situation des 20. Jahrhunderts herbeizuführen. Während der «Weihnachtstagung» selbst hielt er schließlich die Vortragsreihe über *Die Weltgeschichte in anthroposophischer Beleuchtung* (GA 233), während derer er in unmißverständlichen Andeutungen sein eigenes Karma den Mitgliedern offenbarte. In den Monaten nach der Weihnachtstagung führte er die Vorträge über die alten Mysterien weiter.

Der sachliche Verlauf der Weihnachtstagung ist mit wenigen Worten wiedergegeben. Es waren aus einer Vielzahl europäischer Länder ungefähr 800 Mitglieder der Anthroposophischen Gesellschaft in die Schweiz, nach Dornach, gekommen. Äußerlich ging es um die Begründung der fortan «Allgemeine Anthroposophische Gesellschaft» genannten Vereinigung. Am Weihnachtsmorgen, dem 25. Dezember, fand die «Grundsteinlegung» statt: das erstmalige Aussprechen der «Grundsteinmeditation» durch Rudolf Steiner, verbunden mit der Einladung an alle Anwesenden, den Grundstein der neuen Gesellschaft in ihren Herzen zu bilden. Während der darauffolgenden sieben Tage wurde der Grundsteinspruch erläutert und vertieft. Rudolf Steiner hielt die bereits erwähnte Vortragsreihe über die Weltgeschichte in anthroposophischer Beleuchtung, es fanden künstlerische Veranstaltungen sowie die Diskussion der Statuten und so weiter statt. Das Ziel, die Entwicklung einer neuen Mysterienströmung der Menschheit, erforderte einen vollkommen neuen Ansatz auch in der Anthroposophischen Gesellschaft.

Die neue Gesellschaft sollte prinzipiell auf der Basis völliger Offenheit arbeiten, frei von Sektierertum und für jeden zugänglich, der Interesse für «das Geistige im Menschen und im Weltenall» hatte.

Diese Offenheit nach außen bedurfte aber auch einer Innenseite, eines Kerns. Der Kern der neuen Gesellschaft ist eine Mysterienschule. Diese neue Mysterienschule heißt «Die Freie Hochschule für Geisteswissenschaft» – in diesem modern-nüchternen Namen kommt zum Ausdruck, daß in den neuen Mysterien eine völlige Umkehrung der Verhältnisse gegenüber den alten Einrichtungen eingetreten ist. In den alten Mysterien hatte man zu warten, bis man berufen wurde – in den neuen Mysterien muß man sich selbst aufrufen und aus dem eigenen Ich heraus den verantwortungsvollen Schritt unternehmen, einen Schulungsweg gehen zu wollen.

In den alten Mysterien gab es genaue Vorschriften, was man zu tun hatte; Tageseinteilung, Studium, Gespräche, Diät, rituelle Waschungen und so weiter wurden vom Leiter geregelt. Die Leitung bestimmte auch, wann man für die Einweihung reif war. Der Hierophant versetzte den Schüler in den dreitägigen Einweihungsschlaf und weckte ihn wieder auf. In den neuen Mysterien muß man seinen

Weg selbst finden. Jungen Studenten, die Rudolf Steiner die Frage stellten, wie sie ihr meditatives Leben einrichten sollten, antwortete er: «Je nach Möglichkeit und Bedarf können Sie die eine oder andere Meditation durchführen.» Größere Freiheit ist fast nicht denkbar! Die Erlebnisse auf diesem Entwicklungsweg müssen vom Schüler selbst gesucht werden.

Die Freie Hochschule für Geisteswissenschaft setzt sich aus einer Anzahl Sektionen zusammen, in deren Zentrum die Allgemeine Sektion für Anthroposophie steht. Innerhalb dieser wollte Rudolf Steiner drei «Klassen», drei Ebenen der inneren Entwicklung, einrichten. Nur die erste Klasse konnte von ihm realisiert werden. Bevor er mit der zweiten Klasse beginnen konnte, erkrankte er im September 1924 und verstarb schließlich im März 1925. Hatte man den Entschluß gefaßt, den neuen Weg zu gehen, so wurde man in die Allgemeine Sektion aufgenommen und Mitglied der «Ersten Klasse». Erst von dort aus konnte man, als Ausübender eines bestimmten Berufes oder Fachbereichs, den Mysterienweg auch bis in diesen Beruf hineinwirken lassen – man konnte und kann, wenn man dies will, Mitglied beispielsweise der Medizinischen, Pädagogischen, einer künstlerischen oder der Sozialwissenschaftlichen Sektion werden. Die Leiter dieser Sektionen waren direkte Mitarbeiter Rudolf Steiners innerhalb der neuen Mysterien.

Rudolf Steiner beabsichtigte, im Laufe der Zeit noch einen esoterischen Schulungsweg für die verschiedenen Sektionen als solche zu entwickeln. Lediglich für die Medizinische Sektion hat er dies bis zum Ausbruch seiner Erkrankung wenigstens teilweise in Angriff nehmen können. Immerhin konnten erste Schritte eines Schulungsweges für Mediziner von ihm ausgearbeitet werden.

Es gibt Menschen, die sagen, daß – da das Ganze nicht zuende geführt werden konnte – die Weihnachtstagung und damit die Begründung neuer Mysterien mißlungen sei. Es steht natürlich jedem frei, sich darüber seine eigene Meinung zu bilden.

Doch wer auch nur die kultische Handlung der «Grundsteinlegung» in die Herzen der Menschen erneut in sich zu beleben versucht und dadurch den Grundstein in sein eigenes Herz einsenkt, der kann erfahren, was dadurch in seinem Leben geschieht. (In meinem Buch *Besinnung auf den Grundstein* wird näher auf dieses Thema eingegangen.)

Noch immer führt der Weg zur Anthroposophie häufig über das Studium, das Suchen nach Antworten, die aus der Seele aufsteigen. Für viele wird Anthroposophie sodann zu etwas, das dermaßen verändernd in das Leben eingreift, daß der Wunsch entsteht, nun auch etwas mit ihr zu tun, sei es auch nur beispielsweise in Form anderer Ernährung. Dieser Weg, der in die äußeren Verhältnisse hineinführt, kann als zutiefst befriedigend erfahren werden; doch es kommt der Augenblick, da wir vor der Gewissensfrage stehen: Darf ich immerzu von der Anthroposophie nur profitieren für mein eigenes Denken, Fühlen und Wollen, oder ist es nicht meine innere Pflicht, auch etwas zur geistigen Weiterentwicklung der Menschheit beizutragen?

Hiermit berühren wir den Kern der neuen Mysterien. Es ist bereits deutlich geworden, daß die alten Orakel- und Mysterienstätten Orte waren, wo höhere hierarchische Wesen die Entwicklung der Menschheit von oben oder auch von der Erde her leiteten. Das geschah durch Inkorporation in Menschen, die höher entwickelt waren als die übrigen und als Priester und «Könige» ihre Hüllen dafür zur Verfügung stellten. Sprach beispielsweise *Sig*, ein hoher geistiger Führer der atlantischen und nachatlantischen Zeit, durch eine bestimmte Person hindurch, so war diese ein «Sigmund», «Siegfried» oder «Siegward», wenn es eine Frau war, eine «Sieglinde».

Mit dem «Erwachsenwerden» des Ich in der Zeit der Bewußtseinsseele kommt der Moment, da der Mensch der geistigen Welt etwas zurückschenken muß. Wie einstmals die Hierarchien beschlossen hatten, ihre Seinssubstanz in die Menschheitsentwicklung hineinzugeben und die Wesen, die dies nicht taten, zu «Außenseitern der Evolution» wurden – wir meinen die luziferischen und ahrimanischen Hierarchien –, so werden die Menschen, wenn ihr Ich zu erwachen anfängt, den Entschluß fassen müssen, Mit-Wirkende am weiteren Entwicklungsgeschehen zu werden – oder sie werden als Außenseiter stehenbleiben.

Wann dieser Augenblick des Ich-Erwachens beim individuellen Menschen auftritt, ist nicht voraussagbar. Bei dem einen wird es in diesem Leben sein, bei dem anderen in einem folgenden, doch er kommt für jeden! Die Tatsache, daß man in diesem Leben Interesse entwickelt für die Resultate der anthroposophischen Geisteswissenschaft, kann ein Hinweis darauf sein, daß dieser Augenblick in *diesem* Leben eintreten kann.

Man sollte also wissen, daß der Entschluß zur Mitgliedschaft in der Freien Hochschule für Geisteswissenschaft, das heißt der «Klasse», nicht in erster Linie erfolgen wird, um selbst weiterzukommen, sondern um aktiv mitzuwirken an der geistigen Zukunft der Menschheit. Denn mit dem Selbständigwerden des Ich ist der Mensch in das Reich der Hierarchien eingetreten; er ist zur zehnten Hierarchie geworden. Von diesem Moment an sind die Hierarchien in ihrer Entwicklung ebenso vom Menschen abhängig wie der Mensch von ihnen!

Der Zeitgeist unserer Gegenwart ist Michael. Rudolf Steiner zeichnet von ihm folgendes Bild: Er ist schweigsam – er wartet ab, was die Menschen ihm entgegenbringen; er ist *Wille.* Ihn interessiert der Überschuß an Kraft und Begeisterung, womit wir geistige Aufgaben erfüllen. In der «Götterdämmerung», als die Hierarchien den alten Germanen unsichtbar zu werden begannen – was sie als Untergang der Asenwelt erlebten –, gab es den einen schweigsamen Asen, der den ahrimanischen Fenriswolf besiegte; und der *wartete.* Widar, der Führer des nördlichen Stromes, der schweigsame Ase, arbeitet mit den Überschußkräften der Menschen.

In der physischen Welt streben wir danach, alles so rationell und effektiv wie möglich zu tun. Wir versuchen so wenig Energie wie nur möglich einzusetzen, um so viel wie möglich zu erreichen. Im geistigen Streben ist das genau umgekehrt. Alles, was wir mit *mehr* Energie, Begeisterung und Hingabe tun, als für das Resultat notwendig ist, schafft Substanz für die geistige Welt, aus der neue Welten, das heißt die nächsten Entwicklungsstadien unserer Erde, erbaut werden.

Alle uns umgebende Substanz ist Überschußsubstanz aus der *Vergangenheit*, Opfersubstanz der Hierarchien. In der *Zukunft* wird die Welt aus *menschlicher* Überschußsubstanz, menschlicher Opfersubstanz erbaut werden. Das Gehen eines inneren Entwicklungsweges, der in die geistige Arbeit innerhalb der Hochschule einmündet, der Weg der «Klasse» also, ist ein Anfang von etwas, das durch alle folgenden Leben hindurch weiterhin gilt: Der Mensch arbeitet in zunehmendem Maße für die Evolution, im Sinne des paulinischen «nicht ich...»

Die Templer, die aus dem Weisheitsstrom Salomos zu wirken versuchten, folgten dem Wappenspruch: «Non nobis, Domine, non nobis» – nicht für uns, Herr, nicht für uns... Der neue Mysterienweg steht tatsächlich im Zeichen dieses «non nobis»!

NOCH EINMAL: DER GROSSE GEISTESKAMPF

Was sich einst differenziert hat, muß sich jetzt integrieren.

Gegen diese Integrierung, diese Begegnung von Menschengruppen, die bisher getrennte Entwicklungswege gingen, stellen sich jedoch sowohl die ahrimanischen als auch die luziferischen Mächte.

Michael, der Sonnen-Erzengel, ist die Macht, die uns bei diesem Entwicklungsschritt helfen will. Doch er will auch, daß wir diesen Schritt selbst und in Freiheit vollziehen. Dann hilft er uns in unseren Willensentschlüssen.

Die Integration dessen, was einst auseinanderging, um sie geht im Grunde der große Geisteskampf, in welchem wir mitten darinnenstehen. In diesem Geisteskampf mischen sich luziferische, ahrimanische und michaelische Ziele so stark, daß, wie Rudolf Steiner am Anfang unseres Jahrhunderts schilderte, ein Strudel entsteht, in welchem diejenigen, die im Sozialen aktiv werden, nicht mehr genau wissen, wem sie eigentlich dienen. Große Gruppen wichtiger Individualitäten aus vielen Geistesströmungen haben sich jetzt bewußt verkörpert, um in dieser Krisensituation der Menschheitsentwicklung das Ihre beizutragen. Sie sind überall anwesend. Und sie kommen – der turbulente Übergang in die Neunzigerjahre hat es bereits gezeigt – mutig zum Vorschein, bereit, sich einzusetzen für geistige Freiheit, demokratische Rechtsformen und Gemeinschaftsformen brüderlicher Zusammenarbeit.

In diesem Strudel macht Luzifer seinen Einfluß als Anstiftung zum Fanatismus geltend, wie er entsteht, wenn der Mensch sich mit den Formen und Glaubensinhalten der alten Kulturen aus der Zeit der

Menschheitsdifferenzierung verbindet. Luzifer ist der eigentliche Inspirator aller Formen des Fundamentalismus. Diesen müssen wir nicht nur bei den Ayatollahs des Iran suchen – er ist auch unter Anthroposophen zu finden: «Anthroposophie kann *nur* über den Goetheanismus / die Philosophie der Freiheit / die soziale Dreigliederung / die Kunst und so weiter fruchtbar werden...»

Ahriman hat seine Bollwerke innerhalb der modernen, materialistisch orientierten Wissenschaft errichtet. Seine Inspirationen führen zu höchst intelligenten Gedankenmodellen bezüglich des Wesens der Materie, des Menschen und des Kosmos. Diese Modelle greifen direkt in den Willen hinein und verwirklichen sich in der uns umgebenden Technik – von der wir alle Gebrauch machen –, in den Arzneimitteln, die uns verschrieben werden, im Kunstdünger und den Kunststoffen, die den Boden vergiften. Das Herz, die Mitte des Menschen, wird von Ahriman ausgeschaltet – es darf keinen Einfluß haben auf unser Urteilen und Handeln. Die Existenz einer geistigen Welt und erst recht die geistiger Wesen wird unter überheblichem Gespött geleugnet oder verneint. Bezeichnend die Bemerkung des Astronauten Gagarin nach dem ersten bemannten Weltraumflug: «Ich war dort oben und habe mich gut umgeschaut, aber ich habe keine Engel gesehen!»

Wenn diese beiden geistigen Mächte sich verbünden, so führt das zur Propagierung materialistischer Theorien und Handlungsweisen in der Kultur, verbunden mit fundamentalistischem Fanatismus und Machtstreben.

Wie im fundamentalistischen Islam jeder Ungläubige den Tod verdient, so werden anderswo Millionen von Menschen geopfert, um ein «System» aufrechtzuerhalten: 17 Millionen während der bolschewistischen Revolution, 6 Millionen Juden in den Konzentrationslagern, 60 Millionen in den Gulag-Straflagern Stalins. Kriege und gegenseitiges Ausrotten hat es immer gegeben – doch noch nie innerhalb des *eigenen Volkes* in solchem Ausmaß und nur um eines ausgedachten gesellschaftlichen Modells willen! Diejenigen, die aktiv im Befreiungskampf stehen, werden häufig Kompromisse eingehen müssen, um zu vermeiden, daß dieses Befreiungsstreben nicht in einen neuen Fundamentalismus nach eigenen Modellen abgleitet.

Das ist die Situation des «Michaeliten», der sich in diesen Geisteskampf hineinstellen will.

Er braucht dabei einen inneren Leitstern, einen inneren Halt. Denn das Beschreiten eines Entwicklungsweges im Sinne der neuen Mysterien bedeutet, daß man *in sich selbst* all den Kräften begegnet, die im heutigen sozialen Leben an die Oberfläche gekommen sind.

Die Menschheit hat eine Schwelle überschritten, und es war deshalb notwendig, daß die neuen Mysterien kamen. Dieser Schwellenübergang bedeutet, daß zuvor unbewußte Kräfte im Willensbereich des Menschen nun mit Gewalt und Fanatismus in das Bewußtsein einbrechen. Wer hier individuell den Geisteskampf führt, um «das Gute» zu tun, der entwickelt auch ein Wahrnehmungsorgan dafür, wo ihm diese Kräfte außerhalb seiner selbst, in der Welt begegnen. Er weiß dann, daß sein Weg ein Suchen der Mitte ist, aus welcher er sich selbst und seine nach außen gerichteten Handlungen fortwährend beurteilt und verbessert.

Michael erwartet von uns, daß wir diesen Weg mit offenen Augen, mit warmem Herzen und mit Mut gehen.

LITERATURHINWEISE

Allgemein

Werke Rudolf Steiners:

- Wie erlangt man Erkenntnisse der höheren Welten? 1904/05. GA 10, Dornach 1982, auch als TB
- Theosophie. 1904. GA 9, Dornach 1987, auch als TB
- Aus der Akasha-Chronik. 1904 - 08. GA 11, Dornach 1986, auch als TB
- Die Geheimwissenschaft im Umriß. 1910. GA 13, Dornach 1989, auch als TB
- Die Theosophie des Rosenkreuzers. 1907. GA 99, Dornach 1985, auch als TB
- Die Apokalypse des Johannes. 1908. GA 104, Dornach 1985
- Geisteswissenschaftliche Menschenkunde. 1908. GA 107, Dornach 1988, auch als TB
- Die Welt der Sinne und die Welt des Geistes. 1911. GA 134, Dornach 1990
- Der menschliche und der kosmische Gedanke. 1914. GA 151, Dornach 1980
- Christus und die menschliche Seele. 1912/1914. GA 155, Dornach 1982

Werke anderer Autoren:

Bernard Lievegoed: Der Mensch an der Schwelle. Biographische Krisen und Entwicklungsmöglichkeiten. Stuttgart ³1991

ders.: Dem 21.Jahrhundert entgegen! Frankfurt a.M. 1985

ders.: Lezingen en essays 1953-1986. Zeist (Niederlande) 1987

Über die Mysterien der Vergangenheit

Werke Rudolf Steiners:

- Das Christentum als mystische Tatsache und die Mysterien des Altertums. 1902. GA 8, Dornach 1989, auch als TB
- Die Tempellegende und die Goldene Legende. 1904-06. GA 93, Dornach 1991
- Ägyptische Mythen und Mysterien. 1908. GA 106, Dornach 1978, auch als TB
- Die Mission einzelner Volksseelen im Zusammenhang mit der germanisch-nordischen Mythologie. 1910. GA 121, Dornach 1982, auch als TB
- Das esoterische Christentum und die geistige Führung der Menschheit. 1911/1912. GA 130, Dornach 1987

– Aus der Akasha-Forschung. Das Fünfte Evangelium. 1913/1914. GA 148, Dornach 1985
– Christus und die geistige Welt. Von der Suche nach dem heiligen Gral. 1913-14. GA 149, Dornach 1987
– Der Zusammenhang des Menschen mit der elementarischen Welt. Kalevala – Olaf Åsteson – Das russische Volkstum. 1912-14. GA 158, Dornach 1980
– Der innere Aspekt des sozialen Rätsels. Luziferische Vergangenheit und ahrimanische Zukunft. 1919. GA 193, Dornach 1989
– Die Sendung Michaels. 1919. GA 194, Dornach 1983
– Weltsilvester und Neujahrsgedanken. 1919/20. GA 195, Dornach 1986
– Alte und neue Einweihungsmethoden. 1922. GA 210, Dornach 1967
– Initiations-Erkenntnis. 1923. GA 227, Dornach 1982
– Initiationswissenschaft und Sternenerkenntnis. 1923. GA 228, Dornach 1985
– Mysteriengestaltungen. 1923. GA 232, Dornach 1987
– Die Weltgeschichte in anthroposophischer Beleuchtung und als Grundlage der Erkenntnis des Menschengeistes. 1923-24. GA 233, 1980
– Das Initiaten-Bewußtsein. Die wahren und die falschen Wege der geistigen Forschung. 1924. GA 243, Dornach 1983

Werke anderer Autoren:

Johann Valentin Andreae: Die Chymische Hochzeit des Christian Rosenkreutz Anno 1459. Hrsg. von Walter Weber, Stuttgart 1957 und Basel 1978
Gerhard von dem Borne: Der Gral in Europa. Stuttgart 1982
Robert de Boron: Merlin, der Künder des Grals. Stuttgart 1975
Louis Charpentier: Macht und Geheimnis der Templer. Freiburg 1978
Walter Eidlitz: Der Glaube und die heiligen Schriften der Inder. Freiburg i.Br.1957
Michael Eschborn: Karlstein. Stuttgart 1971
Rudolf Grosse: Der Silberkessel von Gundestrup. Ein Zeugnis des Läuterungs- und Einweihungsweges bei den Kelten. Dornach 1983
Hans Gsänger: Irland, Insel des Abel. Schaffhausen 1969
ders.: Die Externsteine. Schaffhausen 1978
Kalevala - das Nationalepos der Finnen. Nach der zweiten Ausgabe ins Deutsche übertragen von Anton Schiefner. In neuer Übersetzung durch Dagmar Welding. 3. Aufl. Stuttgart o.J.
Fiona McLeod: Die Legende von Bride von den Inseln. Stuttgart 1988
Hans Mändl: Vom Geist des Nordens. Stuttgart 1966
Albrecht Meyer: Gavr'inis. Bretonische Felsbilder aus alteuropäischer Mysterienwelt. Stuttgart 1974
Eugen Roll: Mani, der Gesandte des Lichts. Stuttgart 1972
Sean P. O'Riordain: Antiquities of The Irish Countryside. London 1953

Alfred Schütze: Mithras-Mysterien und Urchristentum. Stuttgart 1972
Chrestien de Troyes: Perceval oder die Geschichte vom Gral. Aus dem Altfranzösischen übersetzt von Konrad Sandkühler. Stuttgart 1991
Wolfram von Eschenbach: Parzival. München 1977

Über die neuen Mysterien

Werke von Rudolf Steiner:
- Die Weihnachtstagung zur Begründung der Allgemeinen Anthroposophischen Gesellschaft 1923/24. GA 260, Dornach 1985
- Die Konstitution der Allgemeinen Anthroposophischen Gesellschaft und der Freien Hochschule für Geisteswissenschaft. 1924/25. GA 260a, Dornach 1987

Werke anderer Autoren:
Rudolf Grosse: Die Weihnachtstagung als Zeitenwende. Dornach 1981
Margarethe u. Erich Kirchner-Bockholt: Die Menschheitsaufgabe Rudolf Steiners und Ita Wegmans. Dornach 1976 (Privatdruck für Mitglieder der Anthroposophischen Gesellschaft, nicht über den Buchhandel)
Bernard Lievegoed: Besinnung auf den Grundstein. Stuttgart 1989
F. W. Zeylmans van Emmichoven: Der Grundstein. Stuttgart 1990